어쩌다 암환자

어쩌다 암환자

초판 1쇄 발행 2024년 3월 18일
2쇄 발행 2024년 4월 26일

지은이 김흥근
펴낸이 장길수
펴낸곳 지식과감성#
출판등록 제2012-000081호

교정 김지원
디자인 오정은
편집 오정은
검수 주경민, 정윤솔
마케팅 김윤길, 정은혜

주소 서울시 금천구 빛꽃로298 대륭포스트타워6차 1212호
전화 070-4651-3730~4
팩스 070-4325-7006
이메일 ksbookup@naver.com
홈페이지 www.knsbookup.com

ISBN 979-11-392-1719-3(03810)
값 12,000원

- 이 책의 판권은 지은이에게 있습니다.
- 이 책 내용의 전부 또는 일부를 재사용하려면 반드시 지은이의 서면 동의를 받아야 합니다.
- 잘못된 책은 구입하신 곳에서 바꾸어 드립니다.

지식과감성#
홈페이지 바로가기

어쩌다 암환자

김홍근(투병몽) 지음

목차

서론 ·························· 6

첫 진단 ························ 8
육종암 ························ 12
항암 ·························· 15
암환자는 많은 걸 잃는다 ········ 20
유튜브 ························ 25
마음가짐 ······················ 30
아내 ·························· 33
부모님 ························ 37
형 ···························· 44
버킷리스트 ···················· 52
조언과 위로 ··················· 60
종교와 죽음 ··················· 64
일대기 ························ 70

맺음말(형의 알림말) ············ 80

부록 — 투병뭉의 브런치스토리 ······· 83

서론

있잖아,
무서운 꿈을 꿀 때 말야.
지금 내가 꿈꾸고 있다는 것을
꿈에서 알게 될 때가 있거든?
꿈에서 그걸 아는 날이면
몸부림쳐서 꿈에서 깨곤 했었는데
얼마나 무서웠던지….
깨고 나서도 식은땀을 흘려 댔었지.
그런데 말야,
오늘은 그게 안 되는 거야.
꿈에서 깨고 싶어서 여러 번 발버둥 쳐 봐도
이 꿈이 도저히 깨어지질 않더라고.
오늘만 깨면 되는데…
오늘이 제일 무서운데…
오늘만
오늘만
제발 오늘 하루만
이 꿈에서 깨어나길….

혹시 말야.
나 아직도 꿈꾸고 있는 건 아닐까?
이 긴 꿈에서 깨고 나면
다시 원래로 돌아갈 수 있지 않을까?

서른둘 어느 날
나는 암환자가 되었다.

첫 진단

    2020년 코로나 시대 이후의 첫 크리스마스였다. 다른 이들은 각자의 방식대로 크리스마스를 보내고 있었다. 밖은 시끄럽지 않았지만 가족끼리, 연인끼리 또는 소수의 친구들끼리 행복한 크리스마스를 보내고 있었다. 그런 크리스마스에 난 암 진단을 받았다.

처음부터 암인 걸 알았던 건 아니다. 며칠 동안 목이 너무 아파서 동네에 있는 정형외과를 다녀왔다. 그 후론 머리가 너무 아프고 어지러웠고 헛구역질까지 나기 시작했다. 몸을 못 가눌 때가 돼서야 정형외과를 다시 한번 방문했고 정형외과에 도착하자마자 구토를 하기 시작했다. 구토를 했다는 얘기를 들은 정형외과 의사가 뇌 검사를 의뢰했고, 뇌에 혹이 발견되었다며 빨리 큰 병원으로 가서 다시 한번 진료를 받으라고 하셨다. 그제야 부랴부랴 아내와 함께 집 근처 가톨릭대학교 병원으로 방문했다. 가다가 또 구토하고 쓰러지고 난리도 아니었다. 병원에서는 뇌 MRI 검사를 해 보더니 뇌에 종양이 있어서 당장 수술을 해야 한다는 것이었다. 그때까지만 해도 사실 사태의 심각성을 인지하지 못했다. 일단 추가 검사를 해 보자 해서 추가 검사를 진행하였고 의사에게 충격적인 얘기를 들었다. "폐에 7~8cm 정도로 보이는 더 큰 암이 있고 뇌의 암은 폐로부터 전이된 암입니다." 나는 아내에게 물었다. **"나 죽는 거야?"**

    정말 눈앞이 깜깜했고 아무 생각도 나지 않았다. 이게 현실인가 꿈인가조차 분간되지 않았고 뭐가 어디서부터 잘못된 건지 앞으로는 어떻게 해야 되는지 감이 오지를 않았다. 하지만 잠시 후 이건 현실임을 자각했고 아내의 손을 붙잡고 둘이 한참을 울었다. 부모님께는 말씀을 드려야 할지 말아야 할지, 이 소식을 부모님이 알게 되면 어떻게 될지 상상하기조차 싫었다. 수백 번 고민 끝에 엄마께 말씀을 드렸는데 엄마께서는 의연하게 나를 다독여 주셨다. 뒤늦게야 안 사실이지만 부모님께서도 처음에는 너무 충격적인 이 상황이 무슨 일인지 분간이 안 될 정도여서 오히려 의연할 수 있으셨다고 한다.

그래도 부모님의 그런 의연함 덕택인지 이때 내 투병 인생에서 가장 중요한 결정을 내릴 수 있었다. 바로 서울삼성병원에서 치료를 시작하는 것이었다. 가톨릭대 병원에서는 지금 뇌에 있는 암이 심각하니 수술을 당장 하자고 재촉하고 있었지만 부모님은 충격을 받으신 와중에도 빠른 판단으로 서울삼성병원으로 가자고 말씀하셨다. 그렇게 나는 응급차를 타고 서울삼성병원 응급실로 들어가게 되었다.

돌이켜서 생각해 보니 그때 삼성병원으로 옮기지 않았더라면 지금 나는 이 세상에 없을지도 모른다는 생각이 든다. 가톨릭대병원의 실력이 결코 뒤처지진 않지만 신약이나 임상 등 가장 최신의 의학을 접하기에는 우리나라에서 서울삼성병원만 한 곳은 없다는 생각이 든다. 아니 전 세계를 통틀어도 서울삼성병원은 손에 꼽을 만하다는 개인적인 생각이 있다. 하지만 그 이면에는 불편함도 있었다. 일단 삼성병원에서 치료를 받거나 입원하려는 환자들이 너무 많아서 응급실에서 무한 대기를 해야만 했다. 또한 의료진의 불친절함은 모든 진료와 모든 대화에서 느껴졌다. 나는 결국 이 수많은 환자 중의 한 명이구나 하는 생각이 들자 엄청난 슬픔이 찾아왔다. 의학 드라마에서만 봤던 그곳에 실제로 내가 누워 있다는 사실이 믿기지 않았다.

 몇 번의 검사 후에 신경외과 담당의의 소견을 들을 수 있었다. 뇌에 크고 작은 암들이 많이 있고 작은 종양 몇 개는 감마나이프라는 방사선 치료로, 큰 종양 몇 개는 개두술로 제거할 거라고 얘기했다. 개두술이라니…. 수술이라곤 포경수술밖에 안 해 본 나는 갑자기 머리를 절개하여 수술한다는 생각에 불안감이 너무 커졌다. 담당의에게 "수술을 안 하면 어떻게 되나요?"라고 물었다. 담당의는 기가 찬다는 표정으로 "이건 선택이 아니라 필수입니다. 수술을 안 하면 죽게 될 수도 있어요"라고 무서운 이야기를 했다. 나는 그렇게 체념하고 수술을 받아들이며 응급실로 돌아갔다. 뇌에 들어찬 암이 생각보다 너무 컸고 크고 작은 수술을 여러 번 해야만 했다. 심지어 더 큰 암이 폐에도 있다. 저번 주까지만 해도 아내와 맛집에 가서 맛있는 걸 먹으며 웃고 떠들면서 즐거워했던 나인데, 지금 나에게 닥친 상황이 현실인지 아닌지 구분이 안 될 정도였다. 요샛말로 이 문장이 머릿속에 맴돌았다.

 "이거 정말 실화냐?"

 입원 환자가 말 그대로 포화 상태였기 때문에 응급실에서 입원실로 올라갈 수가 없었다. 이렇게 우리나라에 아픈 사람이, 그것도 응급 환자가 이렇게 많다니…. 응급실은 너무나 불편했고 지옥이 따로 없었다. 엄마의 사촌 동생께서 삼성병원에 수간호사로 계셨는데 힘을 좀 써 주셔서 예상보다 빨리 입원실로 들어갈 수 있었다.

 사실 입원실에서부턴 기억이 드문드문 난다. 뇌에 물이 차서 뇌압이 많이 올라 물을 빼 주는 관을 머리에 꽂았던 것까지는 확실히 기억이 나는데, 그 뒤로는 뇌 자체가 정상이 아니어서 그런지 기억이 잘 나지 않는다. 그동안 작은 수술 한 번, 큰 수술 한 번을 진행하였고 상태가 안 좋아서 예정일보다 빨리 수술했다는 것만 알 수 있었다. 아내의 기억으로 인한 스토리를 조금 적어 보자면, 일단 내가 수술하고 중환자실에서 나지막하게 읊조린 첫마디는 **"살려 줘"**였다. 내가 기억이 나는 건 중환자실에 수많은 환자들이 들락날락했는데 나는 중환자실의 터줏대감인 양 계속 7번 침실에 누워 있었다는 것이다. 그리고 엄마가 나중에서야 말해 줬는데 환각이나 섬망이 너무 심해서 이상한 소리를 지르고 손을 휘저어서 손을 침대에 묶어 놨다고 한다. 다른 이들은 2~3일이면 중환자실에서 일반 병실로 이동하는데 나는 일주일 이상 중환자실에 머물러 있었고 비로소 기억이 선명하게 나기 시작하는 시점은 그 이후에 일반 병실로 이동하면서부터였다. 그때는 수술의 후유증으로 복시가 너무 심해서 눈을 못 뜨고 있을 정도였다. 모든 사물이 2개로 보였고 TV를 보면 그렇게 어지러울 수가 없었다. 다신 내가 시각을 못 찾을 수도 있겠구나 싶었다. 몸도 가누기 힘들어 스스로 휠체어로 옮겨 앉을 수조차 없었다. 그냥 제대로 된 인간의 삶은 이제 끝이구나 싶어서 절망에 휩싸여 있었다.

하지만 마냥 죽을 수는 없었나 보다. 몸이 회복되기 시작하는 어느 순간을 기점으로 내 몸은 정말 빠른 속도로 좋아졌다. 불과 2주 안에 나는 스스로 걸을 수 있었고 눈도 제대로 보이기 시작했다. 의료진은 이렇게 빠르게 이 정도로 좋아진 것 자체가 기적이라고 했다.

그렇게 나는 암환자로 다시 태어났다.

육종암

뇌에 있는 암은 응급 수술로 인해 어느 정도는 해결되었는데 이제 폐에 있는 암에 대해 치료를 생각해야 했다. 크기는 8cm, CT 사진상으로 8cm이고 부피가 꽤 큰 암이었다. 이렇게 암이 커질 때까지 아무것도 몰랐다니, 내 스스로가 너무 원망스러웠다.

치료를 하기 위해선 암의 종류 및 성질 파악을 위한 조직 검사를 진행해야 했고 당연히 폐암이라고 생각했던 나에게 생소한 단어의 병명이 붙여졌다.

"육종암."

처음 들어 보는 단어였지만 일단 그 무서운 '폐암'이 아니라니 혹시라도 좋은 징조 아닐까 하는 생각이 들었다. 궁금증에 약사인 형에게 물어봤는데 육종이라는 얘기에 너무도 절망하는 것을 보고 마음이 또 한 번 불안해졌다. 그때부터 육종에 대해 수도 없이 검색해 봤는데 하나부터 열까지 부정적인 이야기뿐이었다.

육종암은 우리나라 인구 10만 명당 1명이 걸리는 원인이 불분명한 희귀암이었다. 확률로 따지면 0.001%가 걸리는 것이고 원인이 알 수 없는 병이라 한마디로 "정말 재수 없으면 걸리는 병"이라는 것이었다. 일반 암은 그래도 원인이 있고 예방법도 있는데 육종이란 놈은 내가 이것에 왜 걸렸는지도 모르게 걸려 있던 병인 것이다. 이미 이렇게 크기도 크고 전이까지 되어서 육종 4기 판정을 받은 마당에 왜 걸렸는지 원인을 따져 보는 거 자체가 의미가 없지만, 내가 이 병이 왜 걸렸는지도 모른 채 죽어 가야 한다는 사실은 너무 답답하고 억울하기만 했다.

처음에는 '왜 하필 내가?'라는 생각뿐이었다. 나는 그래도 엄청 착하게 살아온 건 아니지만 남에게 피해는 안 주고 살았는데…. 크게 몸에 해로운 것을 한 것도 아니고, 심지어 암에 대한 가족력도 없는데 '내가 왜?! 내가 무슨 큰 죄를 지었길래 이 병에 걸렸지?!'라는 생각으로 머릿속이 가득 찼다. 너무나 억울한 것투성이였지만 일단 살아야 했다. 옆에서 매일 울고 있는 나의 아내를 위해, 나를 위해 기도해 주시는 우리 부모님을 위해, 그리고 무엇보다 나 자신을 위해.

폐에 있는 암이 너무 컸고 커지는 속도도 빨랐다. 얼마 전에 8cm 이던 놈이 어느새 9cm가 되었다고 한다. 하루빨리 치료하고 싶었지만 병원에서는 치료제를 확실하게 결정하기 위해서 일단 기다리라는 말만 반복하였다. 기다리는 사람 마음 초조한 것도 모르고 말이다.

담당의에게 수술을 할 수는 없냐고 물었다. 나중에야 안 사실이지만 4기는 수술을 못 하고 항암으로만 치료를 해야 한다고 한다. 1기, 2기, 3기는 크기에 따라 수술도 가능하고 완치도 가능하다. 당연히 생존율도 훨씬 높다. 4기는 어설프게 수술했다간 이 암이란 무서운 놈을 불필요하게 자극하여 더 커질 수도 있고, 큰 부위를 떼어 내기에 부작용도 더 클 수 있다. 그래서 4기는 보통 항암제 투여로만 치료한다고 한다. 나는 흔히들 말기라고 불리는 4기였다. 게다가 치료가 까다롭다는 육종암이다. 완치가 가능하냐는 내 질문에 담당의가 했던 말이 생각난다. **"이 병은 낫는 병이 아닙니다."**

정말 막막했지만 마냥 기다릴 수는 없었다. 지푸라기라도 잡는 심정으로 서울대와 신촌세브란스병원의 저명한 의사에게 진료를 보기로 했다. 하지만 그게 결론적으로 나에게 독이 되어 돌아왔다. 서울대의 저명한 의사가 한 말이 아직도 잊히지 않는다. "육종암 4기에서 살아난 사람은 없습니다. 지금 상황은 **6개월 살 수 있고** 아무리 길게 살아도 3년 살 수 있습니다."

오래 살 수 있을 거라 예상한 건 아니지만 너무 충격적이었고 너무 우울했다. 서울대 진료를 보고 돌아와 집에서 몇 날 며칠을 울기만 했던 것 같다. 얼마 전까지 꼭 살아 내 보이겠다는 의지가 과자 조각처럼 바스러졌다. '**나는 곧 죽는구나**'라는 생각만 머릿속에 가득 차 나를 짓눌렀다.

그러던 와중 삼성병원으로부터 항암제가 정해졌고 언제 입원해서 항암을 시작하자는 연락을 받았다. 항암제의 이름은 '독소루비신'이라고, 항암제 중에 가장 독한 약이라고 한다. 약의 색깔이 빨간색이라 보통 '빨간 약'이라고 불렀다. 너무 독한 약이기 때문에 일생에서 6번 맞는 게 최대치라고 했다.

나의 항암은 1차부터 6차까지 일정이 정해졌고 삼성병원에 입원하여 1차 항암을 시작하게 되었다.

그렇게 나의 항암 라이프가 시작되었다.

항암

항암이라는 단어조차도 나에겐 생소했다. 보통 말기 암에 걸리면 죽을 때까지 병원에 입원해 있는 것인 줄 알았는데 그게 아니었다. 항암 일정이 정해지면 병원에 약 4박 5일 동안 입원해서 항암제 주사를 맞고 바로 퇴원한다. 처음 입원하면 항암을 할 수 있는 적합한 컨디션인지 이것저것 검사를 하고 항암 부작용을 줄여 주는 약을 먼저 복용하거나 주사로 투여받는다. 입원 2일 차부터 본격적인 항암이 시작되는 것이다.

사실 병원이라는 곳 자체도 수익을 올려야 하는 곳이기 때문에 환자가 오기를 바라고 환자를 반길 것 같지만 이곳은 그게 아니었다. 나야 어차피 6회로 정해진 항암이고 이곳에서 모든 치료를 받기로 결정되었지만, 보통은 쉽게 입원을 받아 주지 않는다. 삼성병원에서 진료를 받거나 입원하고 싶어 하는 사람들은 늘 밀려 있고 순서를 기다려야 한다. 심지어 병원에 가도 입원을 바로 받아 주지는 않는다. 코로나가 극심한 시기였기 때문에 코로나 PCR 검사를 받고 음성이 나올 때까지 밖에서 대기해야만 했다. 빨리 치료받고 빨리 돈을 지불하고 싶었어도 그럴 수가 없는 곳이었다.

나 또한 예외는 아니었다. 5~6주 정도 간격으로 항암을 하기로 정해졌어도 1~2주 밀리는 건 일도 아니었다. 항암이 늦어지면 암도 더 커질 것 같은 불안함으로 제시간에 항암을 하고 싶었지만 삼성병원의 사정이 그것을 허락하지 않았다. 항암을 빨리 받고 싶다고 간호사 선생님께 전화한 적도 몇 번 있었다. 빨리 항암을 해 달라고 조르는 환자라니…. 항암제 자체는 독성이 매우 강했고 내가 맞는 '빨간 약'은 독성이 제일 강하기로 유명한 약이었는데, 그 독약을 빨리 내 몸에 넣어 달라고 조르는 격이었다. 암환자는 **이래저래 불쌍한 직업**이었다.

한번은 이런 적이 있었다. 아마 3차 항암 때였던 것 같다. 항암 일정이 하도 밀리길래 그때도 집에서 불안에 떨고 있었다. 삼성병원으로부터 전화를 받고 내일 당장 입원하기로 결정이 되었다. 항암을 할 수 있다는 사실에 아내와 함께 안도의 수다를 떨었는데 그 전화를 받은 날이 바로 내 생일의 전날이었다. 나는 생일 선물로 항암이라는 선물을 받았다고 그렇게 안도의 한숨을 쉬었다. 생일 때 입원한다고 좋아하는 내 처지가 불쌍하기도 하고 다행이기도 하고… 말로 할 수 없는 복잡 미묘한 감정이었다.

내가 맞는 항암제의 가장 큰 부작용은 '심장독성'이었다. 심장에 무리가 가기 때문에 최대 6번까지만 맞을 수 있었고 간혹 부작용으로 심장마비가 와서 돌아가시는 분들도 있다고 했다. 하지만 나는 가릴 처지가 아니었다. 심장에 독이 되는 부작용을 감수하더라고 일단 암의 크기를 줄이는 게 가장 중요했다. 다행히도 나는 항암제 부작용이 적은 편이었다. 사실 적은 편이라고 해도 매우 힘들기는 했지만 다른 이들은 항암제를 맞고 심장마비로 죽기도 하고 항암제 부작용이 너무 힘들어서 자살을 선택하는 이도 있었다. 구토와 탈모는 애교 수준이었다. 항암제 부작용 때문에 진짜 살고 싶지 않다는 이도 있었고 부작용 때문에 항암을 중단하는 건 다반사였다.

그에 비해 나는 항암제를 맞고 집에서 1주일가량 앓아누워 있으면 멀쩡해졌다. 물론 그 일주일은 너무나도 고통이었다. 극심한 피로와 무기력증 때문에 아무것도 할 수 없었다. 하지만 1주일 항암, 1주일 부작용으로 고생하면 3~4주가량을 일반인처럼 지낼 수 있었다. 이렇게라도 오래 살 수 있다면 부작용을 감수하면서 계속 살고 싶었다. 이상한 말이지만 항암제에게 감사하기까지 했다. 그래도 덕분에 생명을 연장하면서 살 수 있었기 때문이다.

  항암을 하는 다른 분들은 탈모에 대해 걱정을 많이 하셨다. 특히 여성분들이 외모에 관심이 많기 때문에 탈모 걱정을 많이 하셨는데, 나는 탈모 정도는 신경도 쓰지 않았다. 평소 내 나름대로 외모에 신경을 썼고 그렇게 나쁘지 않은 외모라고 생각해 왔지만, 이미 개두술 때문에 머리 대부분을 민 데다가 죽음이 눈앞에 다가와 있는데 머리털이 무슨 대수랴. 1차 항암 하기 전에 그나마 남아 있던 머리마저 깨끗하게 밀어 버렸다. 그래서 머리가 빠지는 게 느껴지진 않았지만 눈썹이나 몸에 있는 털들이 빠지기 시작하면서 나도 탈모가 진행되고 있다는 것을 알 수 있었다.

  항암을 8개월가량 진행하는 동안 많은 고통이 있었지만 이 독약이 더 나쁜 암을 없애 줄 거라 믿고 나에게 들어오는 이 독약을 응원했다. 1차에서 6차까지 진행하면서 매번 폐 CT 사진을 찍었고 6차를 진행할 때쯤에는 9cm 되던 암이 4cm까지 줄어들었다. 암이 줄었다는 게 그렇게 기쁜 일인지 여태껏 몰랐었다.

  하지만 항암 6차 할 때는 또 다른 걱정이 생기기 시작했다. 이 항암이 끝나면 나의 치료는 어떻게 될 것인지가 매우 궁금하기도 하고 불안하기도 했다. 보통 병원에서는 본격적으로 시작하기 직전까지는 말을 안 해 주기 때문에 그전까지는 마음을 졸이기 일쑤였다. 미리 좀 준비해서 말해 준다면 서로서로 좋을 텐데 왜 이렇게 미루고 미루는지는 알 수가 없었다.

혹시나 하는 마음에 진료의에게 남은 암을 수술할 수 있는지 물어봤다. 4기 환자에게 수술은 큰 의미다. 암을 물리적으로 제거해 버릴 수만 있다면…. 얼마나 바랐던 꿈 같은 일인지 모른다. 평범한 사람들은 수술을 무서워하지만 4기 암환자에게 수술은 정말 바라고 바라는 일이다. 하지만 혹시나 했던 일들은 '역시나'가 된다고 했던가, 담당의는 아예 불가능하다며 일언지하에 수술할 수 있는 기대감에 대한 싹을 잘라 버렸다. 수술을 못 한다면 이젠 뭘 할 수 있는 걸까. 매우 불안했다.

보통 모든 4기 암환자들은 유전자 검사를 진행한다. 본인에게 어떤 약이 맞을 것인지 어떤 항암이 효과가 더 좋을지를 예측하기 위해서 유전자 검사를 진행하는데 보통 2주 정도면 결과가 나오기 마련이다. 그런데 나 같은 경우는 2달 가까이 걸린 것 같다. 그만큼 더 전전긍긍하며 마음을 졸였다.

아주 희귀한 결과가 나왔는데 이것 때문에 오래 걸린 것 같긴 했다. 내 암 자체도 희귀한데… 도대체 나한테 적용되는 확률이 말이 되는 건가 싶었다. 이런 엄청난 확률이 로또 당첨의 기회로 왔으면 좋았을 텐데 희귀암에 희귀 유전자라니…. 진짜 나만큼 세상에서 재수 없는 사람이 있을까 싶었다. 아주 소수의 폐암 환자에게 발견되는 RET 유전자 돌연변이가 나에게 발견되었고 사실 현재 복용할 수 있는 약은 없었다.

하지만 그냥 죽으라는 법은 없었는지 나에게도 기적 같은 일이 찾아왔다. 보통 세상의 모든 약은 임상이라는 과정을 거치고 그 임상을 통과하면 출시되는데 그 중간에 출시 준비 기간이 있어서 임상에 통과되었어도 약을 사용 못 하는 기간이 있다. 내가 복용하는 약이 그런 과정에 있는 약인데 삼성병원에서 미국 제약회사와 연계하여 그 약을 복용할 수 있도록 해 주었다. 무려 한 달 복용 비용이 2,000만 원에 달하는 약인데 심지어 무료로 복용할 수 있게 해 주었고 그 약을 지금까지도 복용 중이다. 그 이름조차 찬란한 '프랄세티닙'이라는 표적 항암제였다. 이 순간을 위해 내가 삼성병원에 왔나 싶을 정도로 삼성병원이 너무도 고마웠다. 사실 암환자들은 알겠지만, 표적치료제를 부작용 없이 효과를 유지하면서 얼마나 오래 복용할 수 있느냐가 암환자의 생명 유지와 직결된다. 표적치료제를 복용하지 못하면 힘든 항암을 새로 해야 하는 경우가 많은데 그만큼 표적치료제를 복용할 수 있다는 것은 암환자에게 축복이었다. 그 약 덕택에 나는 하루에 한 번 정해진 시간에 약을 복용하기만 하면 일반인에 준하는 생활을 할 수가 있었다.

요새는 암도 고혈압처럼 평생 약으로 관리하면서 살아갈 수 있다고 하는데, 나도 정말 그럴 수가 있을까 하는 막연한 희망이 생겼다. 지금 생각해 보면 터무니없는 희망이지만 말이다.

항암 외에도 할 수 있는 건 다 해 보았다. 진심으로 낫고 싶었고 살고 싶었다. 하지만 4기 육종암을 치료한다는 것은 마치 **정답을 알 수 없는 문제를 푸는 것**과 같았다. 문제를 풀려고 이것도 해 보고 저것도 해 보았지만 어느 순간 깨달았다. **이 문제에는 답이 존재하지 않는다**는 것을….

암환자는 많은 걸 잃는다

요새는 모든 자기소개를 MBTI로 끝낸다고들 하는데 나는 흔히 '엔프제'라고 말하는 ENFJ이다. 엔프제는 한마디로 '선도자'라고 불리며 전문가가 말해 준 특징 10개 정도만 나열해 보면 아래와 같다.

1. 대인관계가 원만하며, 사람을 좋아한다.
2. 대세(사회, 조직의 방향)를 읽을 줄 안다.
3. 품위가 있고, 특유의 매력이 있다.
4. 타고난 리더십이 있어서, 의견에 힘이 실린다.
5. 이러한 리더십을 기반으로 한 추진력이 강하다.
6. 급하게 서두르는 경향이 있다.
7. 주변의 칭찬과 비판에 민감하게 반응한다.
8. 본인을 중심으로 생각한다.
9. 언변이 능숙하다.
10. 이를 기반으로 유머 감각이 좋으며, 조언을 잘한다.

그렇다. 나는 말하는 걸 좋아하고 글 쓰는 걸 좋아해서 기자가 되었다. 사람을 좋아하고 친구를 너무나도 좋아했다. 나서는 걸 좋아해서 어렸을 때부터 반장, 회장, 대표를 도맡아서 했다. 친구들이랑 어울려서 술 마시고 노는 게 너무도 좋았다. 술이 좋다기보단 술이라는 매개체를 통해 사람 만나는 것을 좋아하는 편이었다. 술이라는 존재는 '넌 행복한 사람이야'라고 말해 주는 특별한 매개체였다. 그리고 힘든 일이 있으면 술로써 위로받곤 했다. 하지만 아이러니하게도 지금 가장 힘든 일이 생겼는데 술조차 마실 수 없는 상황이 되었다. 너무나도 슬픈 일이 아닐 수 없다.

암환자가 되면서 나는 자연스레 사회적 왕따가 되었다. 모자를 아무리 쓰고 다녀도 아픈 사람은 티가 나는가 보다. 또 목뒤에 개두술을 한 흉터가 아주 크게 있기 때문에 모르려야 모를 수가 없다. 어딜 가든 날 보는 시선은 이전과 많이 달랐다. 환자로서 나를 불쌍하게 생각하고 어렵게 생각했다. 직장도 그만두게 되면서 자연스레 동료들이랑 멀어졌다.

친구들 중에도 나를 불쌍하게 생각하고, 진심으로 슬퍼해 주는 이도 있었지만, 나의 마음이 닫혀 버리는 탓에 대부분의 친구들과 멀어졌다. 다만 정말로 친한 친구들 몇몇은 지금도 만나지만 예전처럼 편하게 술 한잔 하면서 즐겁게 떠드는 건 불가능했다. **나도 암환자가 되면서 많이 달라졌지만 내 주변도 그 이상으로 달라졌다.**

나의 가치관이 달라진 것도 한몫했다. 원래는 남들의 시선, 남들의 초점에 맞추어 살았다. 다른 이들에게 어떻게 보이는지가 중요했고 최대한 다른 이들을 배려하며 살았다. 하지만 암을 진단받고 나서 좋은 점은 나를 스스로 들여다볼 수 있었고 나쁜 점은 남들의 눈치를 안 보게 되었다. 무슨 일이든 내 중심적으로 생각하고 행동했다. 최대한 스트레스를 안 받으려고, 최대한 피해를 안 보려고 노력했다. 그러다 보니 자연스럽게 주위 다른 이들에게 소홀해졌다. 특히 부모님이나 아내와 같은 최측근들에게 더 배려하지 못했다. 암을 얻으면서 주위의 모든 걸 잃었다고 볼 수 있을 것 같다.

　기자로서 수익은 넉넉하지 않았지만 그래도 아내랑 둘이 버니까 생활비가 모자랄 일은 없었다. 내 나름 커리어적으로 탄탄대로를 걷고 있었고 내가 잘하는 사회적인 관계에 있어선 자신이 있었다. 하지만 암환자가 되면서 직장을 다닐 수도 없게 되었고 내 능력은 아무짝에도 쓸모가 없었다.

　경제적으로도 어려워졌다. 아내 혼자 가장이 되어 우리 집 경제를 책임졌고 수술, 항암 및 나의 치료에 쓰는 돈만 해도 우리가 감당할 수 있는 수준이 아니었다. 그래도 암을 발견하기 전에 들어 놨던 보험이 그나마 우리의 숨통을 틔워 주었다. 예전에는 보험에 왜 드나 싶었는데 지금은 보험 판매원인 양 주위 사람들에게 보험을 적극 권장한다.

　또 못 하게 된 것 중에 하나는 '여행 다니면서 맛집 찾아다니기'와 같은 평범한 즐거움을 누리는 것이다. 정말 거창한 게 아니었다. 가볍게 고기 구워 먹고 매콤한 맛집 찾아서 먹는 게 그나마 삶의 낙이었다. 이렇게 평범하고 소중했던 일상이 영원할 줄 알았는데 암에 걸리면서 그게 아니라는 것을 뼈저리게 느끼게 되었다. 이제는 외식으로 먹을 수 있는 게 많지 않았고 그나마 먹을 수 있는 보쌈집을 지겹게 찾아다니는 게 일상이 되어 버렸다.

　심지어 라면조차 못 먹게 되었는데 라면 마니아가 라면을 먹을 수 없다는 사실이 믿기지 않았다. 평소에 라면을 입이 마르고 닳도록 극찬했던 나다. "라면의 개발은 음식계의 산업혁명이다. 낮은 가격에 이 정도 칼로리를 낼 수 있는 가성비가 최고인 음식이며, 탄수화물 지방 단백질을 골고루 섭취할 수 있는 완벽 식품이다. 심지어 나트륨도 충분히 섭취할 수가 있다. 라면을 통해서 파생되는 요리를 보아라. 라면의 잠재력은 무궁무진하다"라며 한 번씩 라면 끓여 먹는 것을 그토록 좋아했지만 이제 그 흔하디흔한 라면도 그림의 떡이 되고 말았다.

더 속상한 것은 나 때문에 나를 만나는 이들도 음식을 가려 먹어야 했다는 점이다. 특히 아내는 먹을 것을 나만큼 좋아했는데 나 때문에 반강제로 음식을 가려 먹게 되었다. 그냥 편하게 먹고 싶은 걸 먹으라고 권했지만 막상 같이 다니는데 본인만 편하게 먹는 게 눈치 보였는지 아내도 음식을 가려서 먹게 되었다. 너무도 미안했다.

암환자라는 직업은 주위 사람에게조차 폐만 끼치는 직업이었다.

어느 유명 사회 선생님이 했던 말이 생각난다. "한국 저출산의 가장 큰 원인은 인스타그램이다. 인스타그램을 보면 좋은 것, 맛있는 것, 행복한 것만 나오기 때문에 사람들의 눈높이가 높아졌고, 나도 이 정도 수준이 되지 않으면 아이를 낳을 수 없구나 하고 스스로 포기해 버린다." 이 말에 100% 공감하는 바이다. 나도 인스타그램을 자주 했었는데 주위 친구들과의 소통의 매개체로 이용을 했고 친구들의 행복한 모습들을 보는 것도 즐거웠다.

하지만 암환자가 되고 그런 모습들이 나와 비교되자 나는 더 초라해지고 불쌍한 사람이 되었다. 다들 인스타그램에 자랑거리를 업로드하지만 나에겐 자랑할 수 있는 게 하나도 남아 있지 않았다. 나만 불행하고 심지어 얼마나 더 살 수 있을지도 모르는 이 상황을 너무나도 견뎌 내기 힘들었다. 그냥 다른 이들이 사는 평범한 일상이 부러

왔다. 그전에는 몰랐던 평범한 일들이 너무 소중했던 과거가 되어 버렸고 이제는 할 수 없는 일들이 되었다. 차차 인스타그램을 안 보게 되었고 그렇게 많은 이들과 멀어지게 되었다.

  암환자가 되면서 주위 사람이 많이 떠났지만 그래도 다행스럽게 정작 더 소중한 사람들을 판별해 낼 수 있었다. 나에게 힘이 되어 주는 가족, 친구들이 너무도 고마웠다. 이 글을 쓰면서 반짝 떠올랐다. **그래도 암환자에게 좋은 점은 하나 있구나!**

  '나에게 정말로 소중한 사람들이 누군지 확실하게 알 수 있다는 것.'

유튜브

　암환자가 되면서 몸이 너무나 불편했지만 그에 못지않게 정신마저 피폐해지는 것이 느껴졌다. 내가 곧 죽을 수 있다는 생각에 빠져서 헤어 나올 수가 없었다. 정신과에 협진을 요청해서 우울증 약을 복용해 볼까 고민했지만, 그래도 일단 내가 할 수 있는 것부터 해 보고 약의 도움을 받자는 생각이 들어서 주위 사람들에게 자문을 구해 보았다. 많은 조언을 받았는데 대부분이 억지로라도 웃어야 한다고 했다. 뭘 어떻게 해야 할지 궁리해 보다가 예능 프로그램, 개그 프로그램을 찾아서 보기 시작했다. 하지만 결론적으론 역효과였다. TV 프로그램이나 유튜브를 볼 때는 재미있었다. 그러나 재밌는 장면에 깔깔대며 웃다가도 갑자기 이런 생각이 엄습했다. '내가 지금 이렇게 웃고 있을 자격이 있는 걸까?' '나는 곧 죽을 수도 있는데 이렇게 의미 없이 시간을 보내도 되는 걸까?' 프로그램이 끝나면 어김없이 현실 자각 타임이 찾아왔고 프로그램을 보는 중에도 입은 웃고 있지만 마음은 울고 있었다.

　그러던 와중 젊은 암환자들이 모여 있는 톡방을 우연히 발견했고 거기서 혈액암 4기로 고생하시는 다른 환우분을 알게 되었다. 그분은 재발이 2번이나 되어서 매우 오랫동안 투병 중이신데도 나와는 다르게 매우 긍정적이셨다. 뭔가 부러웠고 그분처럼 나도 긍정적인 모습으로 변화하고 싶어서 비결을 물어봤는데 그분의 대답은 의외로 간단했다.

'유튜브 채널을 운영해라'였다. 처음엔 의아했지만 일단 뭐라도 해 보자는 마음으로 나도 유튜브 채널을 개설하고 영상을 찍기 시작했다. 하다 보니 왜 유튜브 채널을 운영하라고 했는지 이해하게 되었다.

내가 안 해 본 일이다 보니 편집을 공부하게 되었고, 편집을 시작하면서 분석도 많이 하게 되고 몰두하게 되었다. 내가 찍은 영상을 편집하다 보면 시간 가는지도 모르겠고 내가 암환자라는 사실조차 잊고 집중해서 편집을 하게 되었다. 심지어 암에 관한 영상을 올릴 때도 말이다! 개그 프로그램이나 예능 프로그램은 현실도피의 수단밖에 되지 않았지만 오히려 내 생활에 대해 영상을 찍고 편집하니 현실을 정면으로 마주하는 느낌이었다. 편집을 마쳤을 때도 현실 자각 타임보다는 뿌듯함이라는 게 조금씩 느껴지기 시작했다.

그리고 세상이 아직 따뜻하다는 것을 알게 되었다. 많은 분들이 댓글로써 위로를 해 주셨고 다른 암환자들도 나의 영상을 보고 힘을 얻었다고 말씀해 주셨다. 이러한 말들이 나의 마음에 잔잔한 파도를 일으켰고 유튜브 채널을 운영하는 데 더 동기부여가 되었다. 물론 악플들도 있었다. '어차피 죽을 거 이런 거 왜 하냐'는 댓글도 있었고 '항암을 하면 더 빨리 죽을 텐데 더 빨리 죽고 싶냐'는 말도 안 되는 댓글도 있었다. 악플들은 매우 상처가 되었지만 더 많은 희망을 주는 글들 덕분에 이겨 낼 수 있었다. 세상엔 나쁜 사이코패스도 많았지만 그에 못지않게 좋은 분들도 많다는 걸 느꼈다.

그런 댓글들에 힘입어 이런 나에게도 작은 꿈이 생겼다. 나의 남아 있는 삶을 다른 이들에게 용기와 힘을 주는 데 쓸 수 있다면 좋겠다는 생각을 했다. 나는 암을 얻어 불행해졌지만 **나의 불행이 다른 이들에게 행복의 씨앗이 되면 좋겠다**는 목표와 꿈이 생겼다.

나는 4기 암환자라는 특수한 상황이기 때문에 구독자는 생각보다 금방 늘었다. 날 위로하고 싶어서 오시는 분들, 나의 불행을 보고 본인은 그나마 낫다는 위안을 얻으시려는 분들, 4기 암환자의 삶이 궁금해서 오시는 분들 등. 나의 채널로 오시는 분들은 다양했고 유튜브 채널이 어느 정도 자리를 잡아 가면서 블로그, 인스타, 카카오 채널까지 확장해서 운영하기 시작했다. 조금이나마 다른 분들에게 힘이 되어 주고 싶은 마음이었다.

유튜브 채널을 열심히 운영하다 보니 나에게도 직업이 다시 생긴 것 같았다. 기자를 그만두면서 사회적으로 필요가 없는 존재가 되었다는 생각이 들곤 했는데, 유튜브를 운영하면서 작더라도 선한 영향력을 주는 존재가 되어야겠다는 생각을 갖게 되었고 동시에 나의 자존감도 조금은 살아났던 것 같다. 영상 촬영 계획부터 촬영, 편집까지 하루가 바쁘게 흘러갔고 내 직업은 '유튜브 크리에이터'라는 생각을 하곤 했다. 어딜 가든 카메라로 모든 상황을 담으려는 나를 보면서 '이거 직업병인가?'라는 생각도 들었다.

하지만 운영하면서 중간에 힘에 부치는 일도 많았다. 몇몇 유명 유튜브 인플루언서분들과 랜선 친구가 되었다. 다들 암환자면서 유튜브 채널을 운영하는 분들이었는데 그분들이 한 분, 한 분 갑자기 세상을 떠나가시면서 너무 슬프기도 하고 무섭기도 했다. 채널 잘 운영하다가 갑자기 안 좋아져서 가시는 경우가 있었는데, 그런 일이 있을 때면 충격에서 헤어 나오기가 힘들었다. 그러면서 나도 영상 업로드를 쉰 적도 많았고 마음속에 우울한 생각들로 집에만 틀어박혀 있었던 적도 많았다. 한 분, 한 분 떠나가시는 것을 보며 '**이제 곧 내 차례인가?**'라는 생각이 머릿속을 떠나질 않았다.

그래도 그분들을 애도하면서 다시 유튜브 채널을 운영하였다. 유튜브를 하면서 남들에게 희망과 위로를 주고 싶었지만 그런 생각조차 나의 착각이고 오만이었다는 생각들이 한 번씩 나를 괴롭혔다. 너무 힘들다가도 다시 마음을 다잡는 일들이 반복되었다.

마음이 힘들어 유튜브를 못 하게 되는 경우도 많았지만 실제로 몸의 기능에 이상이 생겨 못 하는 경우도 있었다. 내 뇌에 있는 암 덩어리들 때문에 어느 순간부터 눈이 잘 보이지 않았다. 차라리 다리를 못 쓴다가 하는 다른 부작용이 있었다면 하는 생각이 들었다. 마음에 겨우 살짝 안정이 내려앉았다 싶었는데 앞이 안 보여서 아무것도 할 수 없다니… 너무 절망적이었다.

그래도 어느 순간부터 채널 주인으로서 책임감이 생겼는데 이대로 무너질 수는 없었다. 음성인식 프로그램을 써서 겨우겨우 자막을 채워 넣었고 편집을 최소화하는 방향으로 영상을 올렸다. 예전보다 퀄리티는 많이 떨어졌지만 그래도 꾸준히 찾아 주시고 응원해 주시는 구독자분들이 있었고 그분들이 고마웠다. 나를 통해 힘을 얻는 다른 암환자분들에게 오히려 내가 감사했다. 그분들은 나에게 도움을 받고 힘을 얻는다고 하셨는데 나 또한 마찬가지였다. 그래서 더더욱 유튜브 채널을 포기할 수가 없었다.

유튜브 운영을 하면서 일반적으로 할 수 없는 특별한 경험을 한 적도 있는데, 유명 채널에서 섭외가 와서 인터뷰를 촬영한 적도 있었고 심지어는 방송에서 섭외가 왔다. '진격의 할매'라는 토크쇼인데 할머니 연예인 네 분이서 게스트 한 명을 놓고 얘기하는 토크쇼였다. 고민 끝에 출연을 결심하게 되었고 뭔가 새로운 경험이라서 설레고 좋았다. 물론 시한부 암환자로서 출연하게 된 거였지만 방송 촬영할 때의 작은 설렘을 아직도 몸이 기억한다. 방송국의 특성상 자극적인 장면을 연출하려고 PD 작가님들께서 노력을 많이 하신 것 같은데 나는 가식이나 없는 얘기를 하고 싶지는 않아서 그분들의 기대를 충족하진 못했다. 심지어 흐름상 내가 울어야 하는 타이밍인 것 같기도 했지만 난 그냥 덤덤하게 내 얘기를 하고 왔다. 촬영 자체는 내 스스로 50점 정도 점수를 주고 싶다. 가족끼리 여행 가서 본방을 봤던 것도 기억이 선명하게 난다. 어찌 됐든 암환자가 아니었다면 못 했을 경험인데 암환자라 방송 출연도 해 보고 별일이 다 있다는 생각을 했다.

사실 방송 출연을 유튜브에 활용했다면 채널을 더 키울 수 있었는데 그러고 싶진 않았다. 약 5천 명의 구독자분들로도 충분했고 더 이상은 감당이 안 될 것 같았다. 이분들에게 집중하면서 소소하게 유튜브 채널을 운영하고 싶어서 방송에서 유튜브 채널 운영 중이라고 밝히지도 않았고 TV 출연을 주위에 알리지도 않았다.

나만 가지고 있는 특별한 기억으로 남기고 싶었다.

마음가짐

　나는 영화를 좋아한다. 영화에서는 주인공이 어떠한 역경이든 이겨 낸다. 아무리 낮은 확률이라도 성공해 내고 아무리 아파도 결국 이겨 내고 해피엔딩을 맞게 된다. 어렸을 때는 그런 드라마나 영화를 많이 봐서 그런지 나에게는 해피엔딩만 있을 거라고 생각했다. 그래서인지 나에게 이런 일이 생겼다는 것을 더 믿을 수 없었다.

　하지만 드라마는 드라마일 뿐이었다. 해피엔딩이라는 건 드라마에 있을 뿐이었고 나의 인생은 새드엔딩이 되어 가고 있었다. 나 스스로 인생의 주인공이라고 생각했고 세상이 내 중심으로 돌아가고 있다는 생각은 대단한 착각이라는 것을 깨달았다. '나는 이 드넓은 우주에서 한낱 미물에 불과하구나.' '내가 어렸을 때 놀이터에서 밟아 죽인 작은 개미와 별반 다를 게 없구나.' '내가 죽어도 세상은 아무 일도 없었다는 듯이 잘 굴러가겠지.' 이러한 생각들이 내가 조만간 죽는다는 사실을 더 슬프게 만들었다. 죽음이라는 것을 초연하게 받아들여야 했다. 아니, 받아들이지 않아도 결국 일어나게 될 일인 건 분명했다.

　나는 암환자가 되고 나서 늘 힘들었다. 물론 암이 나의 몸을 잠식해 가면서 장기의 기능을 떨어뜨리기 때문에 힘든 것도 있었지만 마음이 너무도 우울해진다. '곧 죽는다' 혹은 '곧 죽을 수 있다'는 생각은 아무리 떨쳐 버리려 해도 내 머릿속을 떠나지 않는다. 어느 순간부터 죽음을 받아들이게 되었지만 그래도 힘든 마음은 도저히 해결이 안 된다.

죽음에 대해 깊게 생각하다 보니 어느 순간 나는 철학자가 되어 있었다. '사람은 왜 살아야 하는가?'부터 '죽음이란 게 과연 무엇일까?' '내가 굳이 살아야 할 이유가 있을까?'에 대해 끊임없이 질문하고 답을 찾는 중이었다. 물론 그 질문에 대한 답은 내릴 수가 없다. 삶과 죽음의 경계에서 아슬아슬하게 줄타기하고 있기 때문에 이렇게 전혀 생산적이지 않은 생각들을 안고 살아가고 있는 것 같았다. 무엇보다 얼마 남지 않은 이 삶을 어떻게 살아가야 할지 갈피를 잡지 못했다.

그러나 어느 순간 어떠한 일이든 생각하기 나름이라는 해답을 얻었다. '나는 남들보다 불행하고 불쌍해. 하지만 어떻게 생각해 보면 그래도 괜찮은 부분이 있어.' 이 두 가지 생각이 뫼비우스의 띠처럼 끊임없이 내 뇌를 맴돌았다. '나는 내 또래 친구들처럼 평범하게 살 수 없어서 불쌍해'라는 생각을 하다가도 '그래도 다른 젊은 암환자들은 치료비도 없고 가족이 파탄 나기도 하는 등 불행하지만 나는 치료비 걱정도 없고 결혼도 해 봤지'라고 생각하면서 스스로를 위안하곤 했다.

그래서 내린 결론은 결국 생각하기 나름이면 긍정적인 생각을 하는 게 낫다는 것이다. 비생산적인 생각만 하면서 남은 삶을 허비할 수는 없었다. 주위에서도 긍정적인 생각을 해야 암을 이겨 낼 수 있다고 하니 기왕이면 긍정적인 생각을 하자고 끊임없이 스스로 주문을 걸었다.

여행을 하고 산책하는 게 도움이 되었다. 물론 중간중간 '이렇게 아름답고 좋은 세상인데 죽게 되면 이제 더 이상 못 보겠네'라는 생각이 들었지만 그래도 바람을 쐬면 마음을 차분히 하는 데 도움이 되었고 그래도 나름대로 시간을 알차게 쓰는 것 같았다.

긍정적인 생각들이 도움은 되었지만 이런 상황에서 100% 긍정적으로 생각한다는 것은 신의 영역이었다. 나는 인간인지라 마냥 100% 긍정을 유지하기는 힘들었고 가끔은 이유 없이 화가 치밀 때도 있었다. 나한테 하필 이런 일이 일어났다는 세상에 대한 분노, 신에 대한 분노가 생겨났다. 나만 죽으면 억울하니 지구가 멸망했으면 좋겠다는 엉뚱한 생각도 해 봤다. 예전에 시청한 영화 중에 말기 암 환자가 본인만 죽기 싫어서 세상을 파괴하기로 마음을 먹고 행동했던 영화가 있었는데 그 빌런의 마음을 조금은 이해할 것도 같았다.

이렇게 우울, 분노, 긍정이라는 세 가지 마음이 계속 순환하듯이 나의 머릿속을 순서대로 맴돌았다. 가끔은 정신병이 든 것 같기도 했고 결국 나중에는 정신과에 협진을 요청해서 우울증 약을 처방받기도 했다. 약에 의존하고 싶지는 않았지만 그만큼 사람의 힘으로는 해결할 수 없는 수준의 정신적인 고통이었다.

암환자는 이래저래 아픈 사람이었다.

아내

나의 아내는 세 가지 사람으로 표현할 수 있다.
'세상에서 나를 제일 힘들게 하는 사람.'
'세상에서 제일 불쌍한 사람.'
'세상에서 내가 제일 사랑하는 사람.'

4기 암환자의 배우자는 너무도 힘든 역할이다. 물론 당사자가 제일 힘들고 안타깝지만 배우자들도 옆에서 많은 우여곡절을 겪는다. 배우자 본인 또한 정신적으로 힘들겠지만 환자 옆에서 무너지면 안 되기 때문에 견뎌 주고 힘이 되어 줘야 하는 운명이다. 물론 눈치도 많이 봐야 한다.

암환자의 배우자는 대개 두 가지 타입으로 나뉘는데 첫 번째 타입은 함께 옆에서 힘들어하는 타입이다. 암환자의 슬픔을 나눠 가지려고 배우자가 많은 노력을 기울이는 경우이다. 암환자 또한 옆에서 슬퍼해 주니 마음도 더 애틋해지고 부부는 더 하나가 된다. 하지만 너무 슬퍼하다 보니 같이 우울증에 빠지는 경우도 있다. 암환자 본인도 가끔은 암환자인 것을 잊고 자기 삶을 살아야 하는 시간이 필요한데 옆에서 나보다 더 슬퍼하는 이가 있으니 현실도피조차 하지 못한다.

두 번째 타입은 현실을 제대로 받아들이지 못하고 본인의 삶을 그 전과 똑같이 사는 경우이다. 물론 힘들고 슬프긴 하겠지만 본인의 삶 자체에는 적용을 안 하고 부부 관계에서만 그 슬픔을 공유하는 경우였다. 내 아내는 정확히 두 번째 타입이었다.

  좋은 점은 아내랑 있으면 즐겁다는 것이었다. 가끔 내가 암환자라는 사실을 잊고 살 수 있었다. 아내의 원래 성격도 워낙 긍정적이고 낙천적이어서 내가 마음을 긍정적으로 유지하는 데 도움이 되었다. 원래 아프기 전에 같이 여행 다니는 것도 좋아했고 맛있는 음식을 찾아 먹는 것도 좋아했다. 아프고 나서도 아내가 긍정적인 마인드를 유지해 줘서 같이 즐겁게 여행을 다니곤 했다. 물론 먹는 것은 자유롭게 먹진 못했지만 나름의 맛집을 찾는 것도 쏠쏠한 재미가 있었다.

  하지만 아내가 어떻게 보면 현실을 직시하지 못하는 것 같아 보였다. 나는 정말 아프고 곧 죽게 생겼는데 아내의 생활은 이전과 변함이 없었다. 주위에 나의 투병 생활을 알리지도 않고 평소의 생활을 했다. 어떻게 보면 현실도피를 시도하고 있는 것 같았다.

  또한 그것보다 더 큰 문제가 있었다. 아내는 생활의 전반적인 부분에서 나를 많이 의지하고 있었는데 여전히 나에게 많은 것을 바라고 기대는 모습을 보였다. 걱정이 많이 되었다. 내가 만약 죽게 되면 저 많은 것들을 혼자 해내야 하는데 아내가 해낼 수 있을지 너무도 걱정되었다. 한편으로는 서운한 점도 있었다. 내 몸 하나 건사하기도 힘든데 여전히 아내의 일까지 챙기고 도움을 줘야 했다. 몇 번이나 서러움이 폭발해서 다투기도 하였다. 남들과 비교하는 걸 싫어하지만 그래도 주위의 다른 암환자들은 배우자가 옆에서 다 해 준다고들 한다던데, 거기까지 바라지도 않았다. 나 혼자 온전히 치료에만 집중할 수만 있게 해 줘도 고마울 것 같았다. 암 진단 이전에는 서운하지 않았던 것들이 서운해지기 시작했고 그런 마음들은 다툼으로 나아갔다.

사실 마인드의 변화 때문에 아내와 다투게 된 것도 있는 것 같다. 원래 나는 타인에게 배려가 과한 사람이었고 아내에게도 마찬가지였다. 하지만 아프게 되면서 나 중심적으로 변화하게 되었다. 그러면서 아내에게도 배려하지 못하게 되는 상황이 많았고 예전 같았으면 아무렇지 않게 넘겼을 일도 이제는 이해해 주지 못하고 인내해 주지 못하게 되었다.

한번은 아내와 아주 심하게 다투고 우리가 왜 다퉜는가에 대해 진지하게 얘기해 본 적이 있었다. 아내 입장에서는 내가 암환자이기 때문에 많은 것을 양보했지만 본인은 아무 이해도 받지 못했다고 했다. 또 모든 상황을 떠나서 본인은 사랑받고 싶은 사람인데 어느 순간부터 그 부분에서 결핍이 왔다고 했다. 어떻게 보면 그렇게 생각할 수 있지 하면서도 답답했다. 나도 아내에게 온전한 사랑을 주고 싶지만 그럴 수 없는 내 상황에 눈물이 났다. 아내가 일하고 오면 '오늘도 힘들었을 텐데, 고생했지?'라는 한마디조차 건넬 수 없을 만큼 나는 더 힘든 상황이었다. 아내는 그래도 따뜻한 말 한마디를 기대했지만 내가 죽어 가는 와중에 그것까지 생각할 겨를이 없었다. 아내에게 너무 서운했다.

그렇지만 또 그 이상으로 아내에게는 미안한 마음이 컸다. '하필이면 나랑 만나서 이런 삶을 살게 되었다'는 생각이 나로 하여금 너무도 미안한 마음이 들게 했다. 나 말고 다른 남자를 만났다면 평범하고 행복한 삶을 영유하고 있었을 텐데, 이런 나를 만나서 말기 암환자의 부인으로 살고 있는 그녀가 안타까웠다. 내가 죽게 되면 아내 혼자 헤쳐 나아가야 할 많은 것들이 너무도 걱정되었고 안쓰러웠다.

아내에게 늘 얘기했다. "여보는 아직 젊으니까 혹시라도 내가 죽으면 나 깨끗하게 잊고 좋은 남자 만나." 특히 처음 암을 발견하고 첫 수술을 하러 들어갈 때 아내에게 진지하게 "내가 만약 죽게 되면 재혼해"라고 했다. 그때 당시에는 아내랑 마지막 순간이 될지도 모른다는 생각이 들었고 마지막으로 아내에게 한마디를 해야 한다면 어떠한 얘기를 해야 하나 고민 끝에 한 얘기였다. 하지만 이런 얘기를 할 때마다 아내는 무슨 소리냐며 나를 나무랐다.

투병 전에는 퇴근 후 아내랑 맛집에 가서 술 한잔 기울이는 게 최고의 행복이었다. 마침 집 근처에 정말 맛있는 삼겹살집을 찾아서 자주 가는 맛집이 생겼는데, 정확히 그러고 나서 며칠 뒤 암 진단을 받았다.

아내랑 맛있는 것을 먹고 술 한잔 기울이면서 얘기 나누는 게 너무 재밌었다. 그래서 아내와 함께 전국에 맛집을 찾아다니면서 맛있는 음식과 반주하는 게 인생의 목표가 되었고 실제로 몇 군데는 조사해서 가 본 적도 있었다. 그때마다 즐거웠고 내가 아내를 사랑하고 있음을 느꼈다. 정말 소박한 행복인데 그마저도 암이 나에게서 빼앗아 버렸다. **나의 행복, 내가 사랑하는 사람의 행복을 모조리 앗아가 버렸다.**

부모님

엄마, 아빠라는 단어는 생각만 해도 눈물이 난다.
  그냥 생각만 해도 고맙고 눈물 나는 존재인데 암을 진단받고는 매 순간마다 뼈저리게 느끼고 있다. 모든 사람에게 부모님은 소중한 존재이고 미안한 존재겠지만 암환자에게는 더욱더 미안한 분들이다. 나의 잘못으로 암환자가 된 것이 아닌데도 이 상황이 너무 죄송하기만 했다. 나도 부모님과 더 많은 시간을 함께하고 싶고 효도도 실컷 하고 싶은데 이젠 그럴 수 없게 됐다.
  내가 열심히 치료받는 건 우리 부모님이 자식 잃은 부모가 되게 하고 싶지 않아서도 있다. 우리 부모님은 이제껏 자식만 보시면서 살아오셨는데⋯ 늘 고생하시면서 살다가 이제야 은퇴하고 좀 편하게 살아 보시나 했는데⋯ 지금은 암환자 자식 뒷바라지 중이시다.
  정말 마음이 간절했다. 내가 이 암 덩어리한테 지지 않고 싶은 이유 중 가장 큰 이유였다. **우리 부모님이 자식을 먼저 보내는 일은 없어야 한다.** 매일매일 다짐하고 또 다짐했다.
  엄마께 처음으로 암을 고백하는 순간은 아직도 생생하게 기억난다. 처음 암을 확인하고 너무나 죄송하지만 너무나 당연하게도 **"저 암이래요"** 라고 말하던 순간은 내 **인생에서 가장 슬픈 순간**이었다.
  그 이후로는 나 못지않게 부모님 또한 인생이 달라지셨다. 하루에도 수십 번씩 나를 위해 기도하신다. 아니, 그냥 잠자는 시간 빼고는 계속 나를 위해 기도만 하신다. 아침에 일어나서도, 밥 먹을 때도, 운전할 때도, 운동할 때도, 자기 전에도 그냥 나를 위해 기도만 하실 뿐이다.

와이프가 직장에 다니다 보니 모든 뒷바라지는 부모님 몫이었다. 고향인 전주에서 친구분들과 나들이 다니시면서 인생의 노후를 보내시던 부모님은 내가 진단받은 직후, 짐을 싸서 서울로 올라오셨다. 계실 곳이 없어 24평 우리 집의 방 한 칸을 내드렸다. 집도 좁고 방도 좁고 여간 불편하셨을 텐데 그런 내색 없이 나를 위해 희생 중이시다.

엄마한테 제일 미안할 때는 병원에 입원할 때다. 내 옆에서 간호하시겠다고 짐 바리바리 싸 들고 같이 입원하시는데, 변변한 보호자 침대도 없어서 자는 둥 마는 둥 하신다. 그래도 엄마한테 표현은 못 했지만 사실 엄마랑 같이 입원해서 얼마나 다행인지 모른다.

하지만 가끔은 '그러면 안 되는데…' 하면서도 부모님께 짜증을 많이 내기도 했다. 특히 엄마한테 짜증을 많이 냈는데, 엄마 성격상 잔소리도 많고 당신의 삶보다 나에게 초점을 맞추시는 경향이 있어 더 그랬는지도 모른다. 당신의 인생도 살면서 아들을 보살폈으면 좋겠는데 당신의 인생을 포기해 버리고 작은아들을 위해서만 희생하시니까 내가 더더욱 미안해진다.

내가 암 진단을 받고 나서 마음의 여유가 너무 없어졌는지 엄마한테 화도 많이 내고 짜증도 많이 부리게 된다. 그래 놓고 늘 후회한다. 가끔은 뇌에 전이된 암이 나의 감정적인 부분까지 잠식해 버리는 바람에 내가 이렇게 짜증이 늘었나 싶을 때도 있다.

나는 '내가 할 수 있는 부분은 혼자 할 테니 엄마도 엄마 인생을 좀 살아라'라는 마음이고, 엄마의 '어차피 엄마 아빠는 은퇴해서 시간도 많고 할 일도 없으니, 엄마 아빠 마음 편하게 아들 뒷바라지 좀 하면 안 되냐?'라는 입장이셔서 늘 대립한다. 사실 뭐가 맞는지 잘 모르겠다.

최근에 엄마한테 오지 말라고 엄포를 놓고 혼자 병원에 갔다 왔는데, 사실 시력 장애로 앞이 잘 보이지 않아 불편하긴 했다. 내가 화낼까 봐 엄마는 몰래 병원에 따라왔는데, 나의 시력 장애로 근처에 있는 엄마를 못 알아봤다는 얘기를 형에게 전해 들었다. 그래서 엄마는 그런 모습만 보고 눈물을 흘리시며 전주로 내려가셨고, 나는 그 얘기를 형에게 듣고 눈물이 비 오듯 쏟아졌다.

왜 하필 암이란 게 나에게 와서 우리 부모님까지 힘들게 하는지, 암이란 녀석이 너무도 미웠다. 부모님께 정말로 효도하고 싶었는데 이번 생은 글렀다는 생각도 들었다. 다음 생이란 게 있다면 정말 내가 우리 부모님의 부모가 되어서 많은 사랑만 드리고 싶다는 막연한 생각을 매일 밤마다 하게 된다.

병원에 입원해 있는 기간 중에 가끔 엄마랑 산책을 하는데 나는 휠체어를 타고 엄마가 나를 밀어 주는 상황이 많았다. 그런데 주위를 보면 부모님이 휠체어에 타 계시고 자식들이 보호자로서 부모님을 케어하는 경우가 대부분이었다. 그런 모습을 보다 보면 '만약 엄마가 아파서 휠체어에 있고 내가 엄마의 보호자로 있었다면?'이라는 생각이 자연스럽게 들었다. 그런데 생각하면 할수록 차라리 내가 아픈 게 다행이라는 생각이 들었다. 엄마가 아팠다면 그 옆에서 지켜보는 나는 지금보다 더욱더 큰 정신적인 고통이 있을 것 같다는 생각이 첫

째였고, 나는 자식도 없지만 엄마는 나이 드신 아빠도 있고 자식에 손주까지 있으니 차라리 내가 아픈 게 다행이라는 생각이 둘째였다. 물론 엄마는 아들 대신 본인을 아프게 해 달라고 매일 기도하신다.

내가 처음 진단받고 아주 큰 수술을 진행했는데 개두술에 감마나이프까지 여러 번 해서 의식도 며칠간 없었고 환각이 아주 심했던 적이 있었다. 그때 부모님은 나를 하늘로 보낼까 봐 조마조마했다고 하신다. 그런 일을 겪었음에도 지금 이렇게 정상인에 준하는 생활을 하는 걸 보시고는 늘 말씀하신다. **'그날 이후의 삶은 덤으로 사는 인생'**이라고…. 그래서 더 고맙게 생각하고 긍정적으로 살자고 기운을 넣어 주신다. 부모님께서도 힘드실 텐데 너무 감사한 말씀이다.

그래도 부모님 덕택에 지금까지도 잘 버틸 수 있었던 것 같다. 부모님이랑 우스갯소리로 **'존버하자'**라는 말을 자주 한다. 버티다 보면 좋은 약이 나와서 또 기적 같은 일이 생길지도 모른다는 기대를 하고 있다. 사실 나보다는 부모님이 더 기대를 하는 것 같다.

부모님의 시간이 많은 것도 나에게는 행운이다. 부모님이 일을 하고 계셨더라면 나랑 많은 시간을 보낼 수 없었을 텐데 마침 내가 암 진단받기 1년 전에 두 분 다 은퇴하셔서 시간적인 여유가 있었다. 그래서 시간이 날 때마다 부모님과 이곳저곳 여행을 다녔다. 혼자 하는 여행도 좋지만 부모님과 여행을 다니면 마음이 참 편안해진다. 병원에 입원해 있을 때도 퇴원하면 부모님과 여행을 갈 생각으로 견딜 수 있었다. 부모님도 내 덕에 여행 많이 다녔으니 상부상조라는 생각을 해 주셨으면 감사할 것 같다는 이기적인 생각을 해 본다.

부모님에 관한 이야기를 하면 책 한 권은 뚝딱 만들 수 있지만 사실 이 한 문장이면 부모님에 대해 모든 걸 표현할 수 있을 것 같다. **'부모님은 늘 고맙고 미안한 존재다.'** 나에게는 뒷바라지해 주셔서 더 고마운 존재고 내가 아프기 때문에 더 미안하다.

　이래저래 암환자는 불효자다.

안녕하세요. 투병몽입니다.

오늘은 5월 8일 '어버이날'을 맞아 너무나 고생하고 계시는 저의 부모님을 위해 짧게 영상을 편집하고 있어요.

4기라는 암을 진단받던 날, 처음으로 부모님께 드렸던 전화에서 저는 "저 암이래요"라는 말로 통화를 시작했어요. 2020년 12월 23일 오전 8시쯤이었던 것 같아요. 그 말이 쉽게 나오지 않으면서도 너무나도 자연스럽게, 너무나도 당연스럽게, 부모님께 가장 먼저 전화를 걸었습니다.

눈물이 왈칵 쏟아져 나왔습니다. 내가 암이라는, 곧 죽을지도 모른다는 두려움도 컸지만, 죄송스러운 마음이 강했습니다. 이 말을 부모님께 직접 전해야 한다는 사실이 너무나 큰 불효로 느껴졌습니다.

그날 이후로 부모님의 생활은 180도 바뀌었습니다. 병원에 다니는 저를 위해 서울살이를 시작하셨고 하루에 기도를 셀 수도 없이 바치십니다.
병원에 가는 날이면 아버지께서는 1시간이 넘는 거리를 왕복하셔야 했고 병원에 입원하는 날이면 어머니는 큼지막한 캐리어에 짐을 싸서 보호자로 동행하고 계십니다. 암에 걸린 둘째 자식놈 고치시겠다고 하루 종일 저만 생각하시고 저를 위해서만 생활하십니다.

좁디좁은 내 서울집의 또 그 좁은 방 한 칸에서 두 분이 지내시면서 캐리어를 장롱 삼아, 간이 매트를 침대 삼아 그렇게 지내십니다.

제 나이 30대 초반, 부모님은 어느새 예순이 훌쩍 넘으셨습니다. 이제는 정년이 지나 자식들 효도받고 손주 재롱 보며 노후를 즐기셔야 할 때인데 암에 걸린 자식 뒷바라지에 모든 것을 포기하고 달려오셨습니다.

아프고 나서야 깨닫게 되는 것들이 있다 했죠?
공기와도 같아서 너무나도 당연하게 여겼지만 사실은 당연한 것들이 아닌 것들도 마찬가집니다.

그리고 부모님의 사랑은 그중 제일이 아닐까 싶습니다. 늘 받는 데 익숙해 드려야 한다는 것을 깨닫지 못했던… 그것을 깨닫기도 전에 4기 암에 걸려 또 불효를 저지르고만 저는 세상에 둘도 없는 불효자입니다.

갚아야 할 사랑을 다시 받게 되어 버린 이 상황이 너무나 죄송하고 또 죄송하고 돌이킬 수도 없어 답답한 마음만 가득해집니다.

그런데, 생각을 고쳐먹을 참입니다. 저에게는 오히려 최고의 효도 기회가 생겼다고 말입니다. 가장 큰 불효를 저질렀던 만큼 다시 가장 큰 효도로 돌려드릴 수 있는 기회 말입니다.
이 암에서 벗어날 수만 있다면, 이 병이 낫기만 한다면, 그것으로 저는 효를 다할 수 있다고. 지금 이 상황에서 제가 부모님을 가장 기쁘게 해 드릴 수 있는 일을 할 수 있다고 생각하려고 합니다.

완치로, 저는 효도를 하려 합니다. 해야만 합니다. 어버이날인 오늘도 상관없이 저를 위해서만 애쓰실 부모님께 다시 한번 감사를 느낍니다.
아버지, 어머니 사랑합니다. 그리고 우리 가족 모두 사랑하고 감사합니다.

유튜브 채널 '암걸린기메 kime'
어쩌다아만자 / #6 [어버이날 기념] 암에 걸린 아들이 부모께 효도할 수 있는 방법

형

나에겐 한 명의 형이 있다. 좀 우스운 얘기지만 형은 늘 나를 분신처럼 생각한다는데, 난 그렇지 않다. 형은 형이고 나는 나다. 형은 형의 가족을 꾸리고 살고 있고 나도 결혼하면서 물리적으로든 심리적으로든 더욱더 멀어졌다. 하지만 아프기 시작하면서 내가 제일 많이 의지가 되는 사람이 바로 우리 형이었다.

부모님이 어렸을 때부터 맞벌이를 하시다 보니 내 인생에서 가장 많은 시간을 함께 보낸 사람은 형이었다. 학년으로는 2학년 차이가 나지만 생년월일로는 17개월 차이가 나니까 거의 연년생처럼 지냈고 늘 붙어 다녔다. 그러다 보니 어렸을 때는 쌍둥이냐는 얘기를 많이 들었다. 초등학교, 중학교, 고등학교까지 선후배로 같이 다니게 되면서 같이 성장하고, 많은 것을 공유하게 되었다. 형이 생각하는 대로, 형이 행동하는 대로 나도 따라서 생각하고 행동하려고 했고, 그러다 보니 내 마음을 제일 잘 아는 사람은 형일 것 같았다. 형이 지금 내 심정을, 내 생각을 알 거라고 생각하다 보니 더 의지가 되었던 것 같다.

나도 크게 못난 것은 없지만 형은 누가 봐도 잘난 사람이었다. 잘생기고 공부도 잘하고 운동도 잘하고 남자 친구들이건 여자 친구들이건 형 주위엔 형을 싫어하는 사람이 없었다. 누가 봐도 엄친아였고 부모님도 형에 대해선 걱정을 안 했다.

심지어 아빠는 형하고 나하고 차별 대우를 했다. 형에 대해선 모든 것을 관용해 주고 나만 혼낸 적이 많았다. 이런 부분 때문에 아빠는 내가 암 진단 받고 나에게 더 미안해하셨다. 어렸을 때는 서운했지만 형에 대해서 질투한 적은 없었다. 그냥 자랑스러운 형이었다. 뭐든 잘하고 그만큼 대우받는 게 당연했다. 그리고 결정적으로 형을 사랑했고 형한테 의지를 많이 했다.

그런데 내가 암을 진단받자 형이 무너졌다. 신앙 활동도 소홀히 하게 되고 형의 가족에게도 잘 못하게 되고 일도 잘 못하는 것 같았다. 미안했지만 한편으로는 고마웠다. 그만큼 나를 생각해 주는 것 같았다.

내가 처음 뇌에 암을 진단받고 폐에 원발이 있다고 형에게 전했을 때에 형은 너무도 큰 충격을 받았었다. 형은 약사라는 직업 특성상 항상 의료 데이터를 신뢰했는데 일단 4기 폐암의 생존율에 대해 조사해 보고 절망했으며, 암의 가족력이 없는 집안인데 나에게 암이 발병했다는 것에 큰 충격을 받았다고 했다. 형이 "우리는 가족력이 없기 때문에 크게 걱정 안 해도 된다"라고 늘 얘기했었는데, 평소의 그런 생각 때문에 더 깜짝 놀랐던 것 같다.

절망적인 상황인데도 형은 금방 정신을 차리고 나에게 힘을 주었다. **"동생아, 내가 너는 어떻게든 살린다. 걱정하지 마라."** 첫 수술 전에 형이 했던 말이 기억난다. 형은 말뿐만이 아니고 바로 행동으로 보여 줬다. 형이 아는 인맥을 총동원해 그 어렵다던 삼성병원을 뚫어냈다. 오죽하면 내 뇌수술을 담당하는 담당의가 "삼성병원에 아는 분이 많으신가 봐요. 제가 수술 잘 해 볼 테니 이제 더 주위 사람 통해서 부탁 안 하셔도 됩니다"라고 말씀하셨다.

형은 약국을 운영하느라 바쁠 텐데도 폐암 치료에 대해 공부를 많이 하고 내가 궁금한 부분에 대해 알려 주었다. 내가 궁금한 부분이 있으면 항상 형에게 물어보았고 치료에 대해 중요하게 결정할 사항이 있을 때도 항상 형이랑 상의했다. 나의 아내도 형을 '주치의' 수준으로 생각하고 형에게 많이 의지했다. 이렇듯 형의 존재는 정말 큰 힘이 되었다.

형의 적극성 때문에 힘들었던 적도 있다. 처음에 폐암으로만 알고 있었는데 삼성병원에서는 갑자기 폐암이 아니라 육종암일 수도 있다고 했다. '육종암'이라는 단어가 생소하기에 형에게 물어봤더니 아주 끔찍한 말을 들었다. "육종암 4기는 매우 절망적이라서 차라리 폐암이 낫다"라고 했고 결론적으로는 육종암으로 진단이 내려져서 마음이 더더욱 무거워졌다.

게다가 형은 육종암으로 진단받았다는 소식을 듣고 삼성병원이 아닌 다른 대형병원들의 진료를 알아봤고, 결국 신촌세브란스와 서울대병원의 저명한 교수에게 진료를 받게 되었는데 서울대에서 매우 끔찍한 소리를 들었다. "지금 여명은 6개월 정도 되고 육종암 4기인데 치료가 된 경우가 없습니다." 이 말인즉슨 육종암 4기에서 살아난 경우를 한 번도 본 적이 없다는 것이었다. 이 말을 들었을 때의 충격은 처음 암을 진단받았을 때 못지않았다. '정말 나는 죽는구나'라는 생각에 한 달은 집에서 울면서 누워만 있었다. 세상이 무너지는 줄 알았다.

하지만 형은 나의 마음에 평안을 주기 위해 많이 노력했다. 물론 귀에 잘 들어오진 않았지만 좋은 말들을 많이 해 주었고 형이 해 준 말을 곱씹으며 조금은 마음이 놓인 적도 있었다. 형이 해 준 말 중에 기억나는 말이 있는데, "어차피 네가 하루에 일을 10시간 하고 여가 시간을 4시간 정도 갖게 되는데, 인생을 생각해 보면 총 가질 수 있는 여가 시간은 많지 않다. 지금 일을 하지 않고 쉬고 있으니 그 시간을 몰아서 미리 갖는다고 생각해라"라는 말이었고, 맞는 말이었다. 내가 지금 계속 놀고 있는데 원래 평생 놀 시간을 미리 당겨서 다 가졌다고 생각하면 마음이 조금 놓였다.

마찬가지로 "우리 가족이 아주 멀리서 떨어져 살기 때문에 앞으로 인생에서 평생 볼 수 있는 시간은 몇 시간 안 된다. 앞으로 평생 가끔 볼 시간을 몰아서 지금 자주 만나자"라는 얘기로 나와 시간을 많이 갖곤 했다. 고마운 말이긴 했지만 솔직히 나는 몰아서 보기보단 오래 살며 가끔씩, 조금씩 만나고 싶은 마음이긴 했다.

그래도 같은 또래라 그런지 형이랑 얘기하면 편했다. 어쩌면 부모님보다 더 편했고 부모님보다 더 마음속 깊은 얘기를 할 수 있었다. 형이랑 얘기를 하다 보면 마음이 좀 나아지는 기분이었다. 형도 멀리서 나를 걱정하는 것보단 직접 나를 만나서 얘기하는 게 마음이 편하다고 했으니 다행이었다.

직업 특성상 형은 시간을 많이 낼 수 있었고 내 진료 때 가끔 서울로 올라와서 나랑 같이 병원을 다녔다. 그래도 나보단 의학적 지식이 많을 테니 의료진이 하는 얘기를 잘 알아들을 수 있겠다는 생각에 든든했다.

또 나랑 여행을 다니기도 했다. 국내 여행도 가끔 다니곤 했고 얼마 전에는 베트남 다낭을 같이 다녀왔다. 형 덕분에 암환자라고 집에서 앓아누워 있지 않아도 됐다.

부모님도 그렇고 형도 나에게 용돈을 많이 주셨다. 형은 내가 유튜브 채널을 운영하는 것을 보고 본인도 유튜브 채널을 개설했다. 나에게 편집을 맡기면서 편집비 명목으로 용돈을 준다. 내가 미안할까 봐

일자리까지 제공해서 합법적으로 용돈을 보내 준다. **암환자라고 기죽지 말라고**, 하고 싶은 거 마음껏 하고, 먹고 싶은 것 마음껏 먹으라고 지원해 주었다.

내가 암환자 커뮤니티에 있다 보니 정말 힘들게 투병하는 분들이 많았다. 암을 진단받고 가족이 와해되고 싸우고, 안 그래도 암을 진단받아서 힘든데 가족 때문에 더 힘든 분들도 많았다. 치료비가 없어 제대로 된 치료도 받지 못하고 쓸쓸하게 죽어 가는 분들이 허다했다. 그런 분들에 비하면 나는 가족들 덕분에 참 행복하게 투병하고 있다고 생각했다. 우리 가족은 모든 것을 나에게 맞추어 주었다. 나는 비록 이렇게 불행해졌지만 사랑하는 우리 부모님, 우리 형은 행복했으면 좋겠다는 마음이 들었다.

그래도 내가 스스로 위안을 갖는 방법은 '내가 정말 사랑하는 우리 가족 중 한 명이 꼭 아파야 한다면 그게 나라서 참 다행이다'라는 생각을 하는 것이다. 물론 내가 아프다고 우리 가족들이 아프지 않는다는 보장은 없지만 그냥 막연하게 그런 생각을 하면 그나마 다행이라는 생각이 든다.

형에겐 토끼 같은 딸과 강아지 같은 아들이 있다. 나에겐 정말 사랑스러운 조카들이다. 조카들과 친해지고 싶었지만 암환자인 나를 무서워할까 봐 쉽사리 용기 내지 못했다. 내가 머리가 없어서 조카들이 놀라지는 않을까, 혹시나 나에게 있는 안 좋은 기운이 조카들에게까지 미치지는 않을까 하면서….

형은 나를 잊고 형의 가족들을 위해서 행복하게 잘 살았으면 좋겠다는 생각을 해 본다. 이제껏 30년 이상 나의 형으로 살아 준 것만으로도 너무 고맙고 너무 든든했다. 이제 형의 가족과 새로운 행복을 찾아 형의 인생을 살았으면 좋겠다는 얘기를 가끔 하곤 했다. 그때마다 형은 무슨 소리냐고 했지만 이미 형도 알고 있을 것이다. 형은 나를 잊고 새로운 행복을 가질 자격이 있다.

우리는 30년 동안 형제로서 용감했다. 비록 지금은 생김새가 많이 달라졌지만 어렸을 때는 정말 쌍둥이냐는 오해를 많이 들을 정도로 비슷하게 생겼었고, 형의 친구는 나의 친구였고 나의 친구는 형의 친구였다. 우리 중 한 명이 싸우게 되면 나머지 한 명이 도와 싸웠다. 그러다 동네 양아치에게 같이 맞은 적도 있었다.

생김새도 비슷했지만 무엇보다 목소리나 말투가 똑같았다. 오죽하면 전화 통화로는 엄마도 둘 중 누군지 구분을 못 했다. 내가 하던 통화를 형이 이어받아서 나인 것처럼 통화를 한 적도 있었다.

내가 어떻게 생각하든 나는 형의 분신이 맞는 것 같다. 형은 나의 혈연이자 베스트 프렌드인 건 분명하다.

지금 많이 힘들어하고 혼란스러워하고 있을 동생에게.

    형으로서 해 줄 수 있는 게 없다는 현실이 너무 슬프고 속이 상하는구나. 나도 그렇고 엄마 아빠도 사실 너의 발병 이후에 인생이 송두리째 바뀌었고 항상 슬픔과 아픔을 지니고 살고 있단다. 하지만 그래도 그 속에서도 정말 기적 같은 일을 위해 기도하고 있고 어떤 방식으로든 주님이 응답해 주실 거라 믿는다.

    당사자인 너는 더 얼마나 괴롭고 힘들지 가늠이 되질 않는다. 삶에 대한 희망이 조금씩 보일 때마다 계속 그 의지를 무너뜨리려고 하는 암이라는 그놈 때문에 너무나 괴롭고 힘들구나.

    처음에 이런 일이 일어났을 때는 정말 왜 하필 우리에게, 왜 하필 너에게 이런 일이 일어났을까 하고 원망과 하소연만 했지만 어느 순간 이 문장이 정말 마음속으로 공감이 되었다.

    '불운에는 이유가 없다.'

    사실 네가 이런 일을 겪는 데에는 왜라는 의문 자체가 불필요한 거였다는 사실을 깨닫는 데 꽤 오래 걸린 듯싶다.

    그냥 이유 없이 우리에게 일어난 것이고, 그냥 한낱 미물에 불과한 우리는 그냥 처한 현실을 받아들이고 이겨 내려 노력하는 수밖에 없는 듯싶구나. 저 문장은 종교적으로 보면 '주님이 하시는 일은 인간이 알 수 없다'라는 말하고 어쩌면 비슷한 듯싶네. 언젠가는 이 일의 원인에 대해 알 수 있을까…. 우리가 죽음에 처하게 되면 모든 일에 깨우치듯 알 수 있게 되려나, 막연한 생각을 해 보곤 한다.

    하지만 어찌 됐든 우리는 믿는 사람이고 나도 신이 있다고 확신을 한다. 세상에 비가 내리고, 눈이 내리고, 꽃이 피고, 이런저런 아름다운 것들, 믿을 수 없는 우연이 생기는 것들, 지구인들의 70% 이상이 한 신을 믿고 있다는 사실, 예수님에 대한 역사적 증거…. 이런 것들이 나로서 신이 있다고 확신하게 만들었다.

하지만 내 믿음이 부족했던 건지 네가 아프다고 했을 때는 신의 존재에 대해 의심했다. 그래서 이것저것 알아보고 확인하고 싶었고 그래서 이 책을 구입하게 되었네. 비록 너무 길고 장황하게 써 있는 책이지만 너의 걱정이나 불신이 조금이나마 이 책을 읽고 해소되길 바란다. (형은 나에게 《예수는 역사다》라는 책을 선물했다.)

네가 죽음에 대한 두려움으로 가득 차 있을 거 같아 마음이 너무 안 좋지만 본능적으로 사람은 누구나 죽음을 두려워하도록 설계가 되어 있다고 생각한다. 나도 너무 죽음이란 게 두렵고 우리 가족 중 누구도 그렇게 되길 원치는 않지만, 사람은 결국 언젠가 죽기 마련이고 종교적으로 봤을 때는 죄의 굴레를 벗는 것이라 생각한다.

어렸을 때부터 생각했던 건데 우리는 모두 하늘의 천사이고 죄를 지어서 이 세계에서 살고 있는 것이라는 생각을 해 보았다. 죄를 많이 지은 사람은 100살 넘게 오래 사는 거고, 죄를 적게 지은 사람은 50살도 못 살게 되는 거고…. 마치 우리가 죄를 지으면 교도소에 가는 것처럼….

교도소에서 죄수들도 나름의 기쁨이나 즐거움이 있는 것처럼 우리 삶에서도 행복이나 즐거움이 있는 거고 그래서 먼저 가게 되는 사람은 천사로서 죄가 적은 사람이라 생각하거든….

막상 그렇지만 또 인간으로 생각해 보면 죽음이 너무나 두렵긴 하지. 이승에 사는 게 죗값을 치르는 거라고 생각해도 나는 우리 가족과 오래 함께하고 싶은 마음이다.

어찌 보면 2020년 12월에 비해 지금은 정말 감사하고 기적 같은 일이지만 그럼에도 나도 욕심이 생긴다. 네가 이 지독한 암을 이겨 내고 원래의 삶으로 돌아가게 되기를 간절히 바라고, 또 내가 도울 것이니 최대한 나에게 도움을 청하길 바란다.

홍근, 이겨 낼 수 있다. 성모님의 은총이 늘 너와 함께하길….

2021년 겨울, 형의 편지

버킷리스트

 모든 이가 버킷리스트를 가지고 있는 것은 아니지만 암환자는 누구나 버킷리스트가 있을 것이다. 암환자라면 누구나 죽음에 대해 생각해 보았을 테고 죽기 전에 하고 싶은 일을 생각해 본다는 건 자연스러운 일이다.
 나도 마찬가지로 처음 암을 진단받았을 때는 버킷리스트에 대해 생각했지만 어쩌다 보니 실천을 미뤘다. 코로나도 있었고, 몸이 좀 나아지면, 마음이 좀 나아지면 해야겠다는 생각이 들었다. 하지만 이런저런 일들을 겪으면서 내게 시간이 많이 없을 수도 있다는 생각이 들었고, 지금 움직여야 한다는 생각이 들었다. 지금 하지 않으면 평생 못 하게 될 수도 있으니….
 처음 버킷리스트를 생각해 보다가 문득, 내 주위 친구들은 어떠한 버킷리스트를 가지고 있는지 궁금해서 물어보았다. 거의 대부분은 살기 바빠서 버킷리스트가 없었고 몇몇의 버킷리스트 중에 기억이 나는 걸 뽑아 보면, '달나라 여행 가기', '아프리카 여행 가기', '남미 여행 가기' 등 이러한 여행에 관련된 것이 대부분이었고 '10억 집 사기', '스타벅스 건물주 되기'처럼 큰 부를 축적하는 것들이 많았다.
 하지만 나는 이렇게 먼 미래를 타깃으로 하는 목표들은 사실상 이루지 못할 확률이 높았다. 거창한 것보다는 현실적으로 지금 내가 할 수 있는 것, 내가 당장 하고 싶은 것들을 생각해 보았는데 다섯 가지 정도 되었다.

  일단 첫 번째는 지금 이루고 있다. 바로 책을 출간하는 것이다. 배운 게 도둑질이라고, 근 몇 년간 기자로서 글을 꽤나 많이 써 왔다. 물론 기자로서 글을 쓰는 것은 지금처럼 편하게 내 이야기를 풀어 나가는 것과는 많이 다르지만 지금 이 글을 쓰는 순간조차 나의 기자 인생의 연장선이라 할 수 있겠다.

  어렸을 때부터 글 쓰는 데에는 소질이 있다고 자부할 수 있다. 초등학교 때부터 각종 백일장 글짓기 대회에서 상을 휩쓸었고 많은 독서량을 바탕으로 글짓기를 능숙하게 해 왔다. 결국 원했던 바는 아니지만 기자가 되었고, 내 직업에 크게 자부심이 있는 건 아니었지만 내 글 자체에는 자부심을 가져왔다.

  물론 말하기도 좋아했지만 정치인의 그것과는 달랐다. 그냥 친구들끼리 웃고 떠드는 말하기를 좋아했을 뿐 진지한 내용은 글로 쓰는 게 내 적성과 맞았다. 어떻게 보면 천직을 만났지만 그 또한 이 병 때문에 오래 하진 못하게 되었다.

  지금 이 책을 쓰면서 오랜만에 글을 창작하니 가슴이 몽글몽글해져 왔다. 예전에 내 나름대로 찬란했던 나의 글쓰기를 다시 한번 해 볼 수 있음에 감사하는 중이다. 역시 나는 글 쓰는 게 좋다.

  두 번째 버킷리스트는 사실 첫 번째와 같다면 같다고 볼 수 있는데, 나의 일대기를 써 보는 것이다. 책 쓰기랑 같은 거 아니냐고 묻는 분들도 많았지만 사실은 엄연히 다르다. 일대기를 쓰는 것은 정확하게는 내 인생을 마무리하면서 내가 어떻게 살아왔는지를 되짚는 작업이다.

물론 완치가 되어 일대기를 쓰는 행위가 중간 점검 개념으로 적용되면 좋겠지만 냉정하게 내가 죽을 확률이 훨씬 높기 때문에 내가 어떻게 살아왔는지를 스스로 기억하고 추억하고 기념해 보고 싶다. 물론 다른 이들이나 친구, 가족들도 나의 일대기를 봐 주면서 나를 공감해 주고 기억해 주면 더 좋을 것 같다.
　이 책에 나의 모든 일대기를 적을 수는 없지만 어느 정도는 내 인생이 녹아 있기 때문에 이 버킷리스트도 지금 책을 쓰는 행위로 인해 절반 정도는 달성했다고 볼 수 있다.
　어떻게 보면 지금 나의 글을 읽는 독자분들이 내 버킷리스트의 우선순위, 차순위를 실행해 주고 있는 셈이다. 모든 글을 쓰는 행위는 시작일 뿐 읽는 행위로 완성이 되기 때문에 이 글을 읽어 주고 있는 독자분들께 감사의 말을 전하고 싶다.
　'나의 꿈에 동행해 주셔서 고맙습니다.'
　세 번째 버킷리스트는 여행하기다. 여행하기는 모든 사람들의 버킷리스트일 것 같다. 나도 여행을 좋아하는데, 딱 어디를 선정해서 그곳을 가고 싶다기보단 남은 인생에 있어서 최대한 많은 여행을 다니고 싶다. 오래 살게 되어서 여행을 그만큼 더 많이 다니면 좋고 그게 불가능하다면 짧은 시간 내에 최대한 여행을 많이 다니고 싶다.
　여행을 가면 기분이 리프레시되는 것도 있지만, 아무래도 좋은 기억으로 남는다는 것이 여행의 묘미인 것 같다. 그냥 아무런 이벤트 없는 삶을 살게 된다면 그 기간이 아무리 길더라도 기억에 남는 게 하나도 없는 법이다. 하지만 여행에서 특별한 순간을 경험하게 되면 그만큼 기억에 많이 남게 되고 여행을 같이 다녀온 사람과 더 특별한 추억이 생기게 된다.

형이 인간에 대해 이렇게 정의한 적이 있다.

'인간은 추억을 먹고 사는 동물이다.'

나도 그 정의에 어느 정도는 동의하는 편이다. 내가 여행을 가고 즐거운 행위를 하는 것이 지금 정말 좋아서 하는 것인지, 나중에 기억했을 때 좋은 추억을 만들기 위해서인지 여전히 답을 못 내리고 있다. 맛있는 것을 먹어도 1초만 지나면 그 행위는 맛있었던 추억이 되어 버리는 것처럼 말이다. 여행을 가서 좋은 것을 보고 맛있는 것을 먹는 행위는 결국 좋은 기억이 되어 내 현재 또는 미래 삶의 원동력이 된다.

어찌 됐든 여행은 그 당시를 정말 즐겨서 좋았건 좋은 추억으로 남겨서 좋았건 너무 좋은 것이라는 건 누구도 부인할 수 없을 것이다.

해외여행을 가면 더 좋긴 하겠지만 몸 상태가 좋지 않아서 장시간 비행기를 타지 못한다. 특히 장시간 비행을 하면 뇌에 있는 암세포를 자극할 수도 있고 뇌에 부작용이 일어날 수 있기 때문에 의료진이 적극 반대한다. 결국 그 반대 때문에 예전에 유럽을 다녀오지 못했는데 그게 너무 후회된다. 얼마 전에도 컨디션이 조금 좋다 생각해서 프랑스 여행을 계획하고 비행기표와 숙소까지 다 예약해 놨는데 갑자기 뇌에 암이 갑자기 재발하는 바람에 막대한 손해를 안고 모든 여행 일정을 취소한 적이 있었다. 사실 암환자한테는 흔한 일이고 예상 가능한 일이지만 너무나도 속상한 건 사실이었다.

결국 여행은 국내 여행으로 한정할 수밖에 없었다. 국내도 너무 좋은 곳이 많았고 숨겨진 명소들이 많았다. 특히 음식 문제도 쉽게 해

결할 수 있기 때문에 국내가 오히려 편하고 좋았다. 조금 멀리 갈 때는 제주도를 몇 번 다녀온 적이 있다. 개인적으로는 남은 여생을 제주도에서 보내고 싶다는 생각을 자주 할 정도로 제주도를 좋아한다. 음식도 맛있고 무엇보다 분위기가 너무 좋기 때문에 제주도를 자주 놀러 갔었다.

  제주도 말고도 가족들과 국내 여행을 틈나는 대로 다니는 중이다. 불행인지 다행인지 부모님께서 은퇴하시고 일이 없으셔서 시간은 얼마든지 내실 수 있기 때문에 주로 부모님과 여행을 다니는 중이고, 가끔은 아내와 또 가끔은 친구들과 여행을 다니는 중이다.

  네 번째 버킷리스트는 조금 부끄럽지만 결혼식 축가다. 이 버킷리스트는 벌써 두 번이나 이뤄 냈다. 내가 가수들만큼 노래를 잘하는 건 아니지만 그렇게 못하는 편도 아닌 것 같다. 그리고 사람들 앞에서 노래하는 것을 좋아하기 때문에 그렇게 축복스러운 분위기에서 내가 좋아하는 친구에게 축가를 해 줄 수 있다면 그것이야말로 영광스러운 일이라고 생각한다.

내가 암을 진단받고 축가를 하게 되어서 친구와 후배한테 미안하긴 하지만 내 입장에서 보면 내가 죽기 전에 결혼식을 볼 수 있어서, 또 축가로써 축하해 줄 수 있어서 정말 다행이었다.

그래도 민폐를 끼치지 않으려고 보컬 레슨까지 받아서 축가를 준비했었고 내 나름대로는 열창을 했기 때문에 축복하는 의미로는 괜찮지 않았나 싶다. 다만 내 스스로 버킷리스트를 수행하는 데 있어 힘이 들었다고 해야 하나?! 100% 만족스러운 축가는 아니었다.

같은 대학의 친한 후배와는 축가 교환(?)을 성사했다. 내 결혼식은 한참 전이었지만 그 친구가 내 축가를 멋지게 해 주었고 나도 최근에 그 친구의 축가를 해 주었는데 어떻게 보면 우리 우정에 있어서 가장 감동적인 순간이 아니었나 싶다. 물론 서로의 결혼식에 있어서 각자 배우자와의 감동도 배가되는 순간이었다.

어쨌든 내 버킷리스트 중의 하나인 축가도 친구들 덕분에 이뤄 낼 수 있었다.

마지막 버킷리스트는 눈 덮인 한라산 등반이다. 우연히 눈 덮인 백록담과 한라산의 사진을 본 적이 있었고 그 사진에 감명받은 적이 있었다. 또 친구들의 경험담을 들으면 들을수록 눈 덮인 한라산은 꼭 한번 가 봐야겠다고 생각했다.

사실 예전 같았으면 준비도 안 하고 맨몸으로 그냥 오를 수 있었겠지만 지금은 몸이 많이 약해져 있어서 준비를 많이 해야 했다. 추위로부터, 체력 방전으로부터, 미끄러짐으로부터 나를 지켜 내기 위해 이것저것 많이 준비했고 결국 날짜를 잡아 아내와 제주도행 비행기에 올랐다.

제주도를 정말 좋아하지만 이번에는 제주도를 즐기기라기보단 나의 버킷리스트 한 문장, '눈 덮인 한라산 등반하기' 그 자체만을 수행하기 위해 제주도를 다녀왔다. 준비를 단단히 해 가서 그런지 생각보다 많이 힘들지는 않았다. 다만 평소보다 시간이 많이 걸렸고 다소 추웠다. 하지만 아내와 투닥투닥 말장난하며 올라가다 보니 그 긴 시간도 나름대로 나쁘지 않은 시간들이었다.

눈 덮인 백록담은 정말로 감동이었다. 내 인생에 또 눈 덮인 백록담을 올 수 있을까라는 생각에 최대한 백록담을 만끽하고 내려갔다. 또 이렇게 하나의 버킷리스트를 수행할 수 있었다. 나 스스로 생각해도 참 소박한 이 다섯 가지 버킷리스트를 어느 정도는 이뤄 냈고, 또 나머지는 이뤄 내는 과정에 있는 이 순간이 참 감사하다.

버킷리스트의 정의를 인터넷에 검색해 보았다.

Bucket List: 죽기 전에 꼭 해야 할 일이나 하고 싶은 일들에 대한 리스트. 'Kick the Bucket'에서 비롯되었는데 중세시대에 교수형에 처하거나 자살할 때 목에 밧줄을 감고 양동이를 차 버리는 행위에서 유래되었다.

'죽기 전에'라는 말 자체가 너무 나에게 해당하는 것 같아 슬프다.

나도 버킷리스트 자체를 인생에 있어서 천천히 생각하고 나중에 차근차근 이뤄 내고 싶지만 내 삶이 얼마 남지 않았다는 것을 나 스스로도 알고 있다. 정말 솔직한 마음으로는 버킷리스트보다는 희망 사항을 이루고 싶은 마음이다. 내 정말 가장 큰 희망 사항은 **사랑하는 주위 사람들과 최대한 오래 사는 것**이다. 하지만 현실이 녹록지 않다는 것을 알고 있기에 그냥 단순히 희망 사항이라고 정의하고 싶다.

현실을 직시하기 시작하면서 최근에 또 하나의 리스트를 작성해 본 적이 있는데 사실 버킷리스트라고 하기에는 거창하고 그냥 작은 소망 하나가 생겼다고 봐야 할 것 같다.

바로 '생전 장례식'를 치러 보는 것이다. 나도 인터넷을 검색해 보다가 우연히 알게 된 것인데, 죽음이 예정된 사람이 '내가 사는 동안 참 감사했습니다'라는 의미로 주위 분들에게 감사 인사를 전하는 의식 정도로 볼 수 있다. 사실 생전 장례식에 대한 사례도 많이 없고 접해 본 적도 없어서 어떻게 해야 할지는 감이 안 잡히지만 기회가 된다면 해 보고는 싶다.

사실 부모님의 막강한 반대로 못 하게 될 확률이 높다. 생전 장례식이라는 것은 죽음이 확정된 상태에서 그전에 의식을 치르는 것인데 우리 부모님은 아직도 내가 살 수 있을 거라 생각하신다. 물론 부모님 희망대로 죽음이 오지 않는다면 그걸 어찌 마다하겠는가. 하지만 별수가 없는 지금 상황에 대해선 당당히 인정하고 멋지게 죽음을 맞이하고 싶다는 생각이다. 주위 사람들에게 미리 작별 인사를 건네서 그분들도 나의 죽음을 마냥 슬픔이 아닌 **아름다운 이별**로 받아들일 수 있게 말이다.

조언과 위로

　암환자들은 보통 이중으로 정신적 고통을 겪는다.
　첫 번째 정신적 고통은 모두들 알다시피 '죽음에 대한 두려움'이다. 이는 인간으로서 당연한 정신적 고통이다. 암이라는 병 자체가 죽음과 떼려야 뗄 수 없는 관계이기 때문이다. 그 어떤 암환자도 '나는 정말로 죽음이 두렵지 않아'라는 암환자는 없다. 이는 당연하다.
　두 번째 정신적 고통은 주위의 조언과 권유로 인한 정신적 고통이다. 이런 점은 예상도 못 했고 그래서인지 정말 큰 스트레스를 몰고 왔다. 가까운 가족, 먼 친척 가릴 것도 없고, 주위 친구들은 물론 친구의 친구까지 온갖 권유를 건넨다.
　"이러이러한 게 암에 좋다던데 이거 한번 해 보는 거 어때?"라는 권유가 제일 많고 "절대 항암제 맞지 말고 자연 치유로 치료해 봐"라는 말도 안 되는 권유도 있다. "성당 말고 교회를 다녀 봐. 지금 네가 아픈 건 성당을 다녀서야. 교회 다니면 나을 수 있어"라는 정말 특이한 권유를 받은 적도 있다. 이러한 권유들이 한두 번이면 그냥 참을 수 있지만 정말 수도 없이 연락이 온다. 개인적으로 연락 오는 것뿐만이 아니라 지인을 통해서도 연락이 오고 심지어 유튜브 댓글로도 남겨 온다.
　이러한 권유들은 스트레스 그 이상도 이하도 아니다. 내 치료는 내가 가장 고민하여 신중하게 결정한다. 그렇게 신중하게 고민하고 결정하는 나에게 그런 권유를 한다는 것은 폭력에 가깝다는 것을 알아주었으면 좋겠다. 하지만 사람들은 대부분 그런 생각을 못 한다. 내가 할 수 있는 건 '나만큼 아파 보지 않았기 때문이겠지'라며 그분들을 이해하려 노력하는 것뿐이다.

유튜브의 구독자가 많아지면서 그만큼 조언 주는 사람도 많아졌고 결국엔 악플까지 생겨났다. '어차피 죽을 건데 유튜브는 뭐 하러 하냐'는 악플이 기억에 남는다.

비슷한 부류의 악플들이 많고 사실은 나에게 상처가 된다. 세상은 내가 생각했던 것만큼 아름답지 않다는 슬픈 생각도 들고 인간에 대한 성악설을 믿게 된 계기가 되기도 했다. 물론 내 구미에 맞는 댓글들만 보고 싶지만 현실적으로 어렵다는 것도 알고 있다. 하지만 유튜브가 나에게 주는 긍정적인 힘이 훨씬 컸기 때문에 그런 부정적인 점들은 감안하고 강행할 뿐이었다.

유튜브 댓글이든 현실적인 위로든 건네주는 사람들의 마음은 일단 고마웠다. 선의에 의해서 건넸든, 기계적으로 건넸든 나를 걱정해 주고, 의식해 주고 있는 사람들이었기 때문에 마음 자체는 고마웠다.

처음에 암을 진단받았을 때는 위로조차 없었다. 사실 내가 너무 충격을 받았기 때문에 주변에 연락을 하는 것조차 꺼려졌다. 지금 당장 내가 죽게 생겼는데 직장 동료가 무슨 소용이며, 친구가 무슨 소용이랴. 그냥 아무와도 연락하고 싶지 않았다. 쥐구멍 안에 갇힌 쥐인 양 혼자 생활하고, 혼자 스스로 위로할 뿐이었다.

하지만 조금씩 내 삶을 살아가기 시작하면서 진짜 친한 친구들에게는 조금씩 알리기 시작했다. 또 유튜브 채널이 조금 유명해지면서 우연히 영상을 보고 연락이 오는 친구도 있었다. 그래서 대대적으로 나의 상황을 주위에 알리기로 결심했고 암 진단을 받은 지 1년 되는 때에 주위 모든 사람들에게 내가 4기 암 투병 중임을 알렸다.

요새는 '임밍아웃'이라고 임신하면 그 사실을 주위에 대대적으로 커밍아웃한다는 합성어가 유행인데, 나는 슬프게도 '임밍아웃'이 아닌 '암밍아웃'을 실행했고 그때부터 많은 위로가 쏟아졌다. 물론 정말 고마운 위로도 있었다. 진심으로 나를 위해 울어 주는 친구들도 있었고 진심 어린 걱정과 위로를 해 주는 고마운 분들이 많았다. 하지만 나를 힘들게 하는 위로들도 있었다.

그중에 "기왕 사는 거 짧게 살더라도 긍정적으로 사는 게 좋지 않겠냐?"라는 조언 아닌 조언을 건네는 분들이 있다. 사실 나도 늘 인지하고 있다. 남은 인생을 최대한 즐겁게 지내려고 노력 중이다. 늘 하루하루에 충실히 살고 있고, 그래야 하는 것을 누구보다 잘 알고 있다. 그럼에도 찾아오는 이 불안감에 힘들어하는 것이지 억지로 불행하고자 하는 것이 아니다. 의미 있게 살아 보려 하지만 갑자기 문득 어떠한 것도 의미가 없다는 것을 깨달을 때가 있다. 의지로는 안 되는 부분이 분명히 있는데 그 부분은 직접 암에 걸려 보지 않으면 알 수 없다.

나를 더 힘들게 하는 위로 중에 '암은 수술하면 낫는다던데', '사실 우리 친척 중에 누구도 암이었는데 금방 완치했어' 하는 위로가 있었는데 그러한 케이스들은 사실 1기나 2기, 즉 초기 암인 경우가 많았다. 4기 암환자 입장에서는 너무나도 부러운 분들이다. 물론 그분들 입장에서는 청천벽력 같은 소식이었겠지만 1기 같은 경우는 간단한 수술로 완치되는 경우도 많다. 그래서 그분들과 나를 비교하는 것은 매우 상처였다.

또, '요새 암은 별거 아니래'라는 위로를 건네는 분들이 있었는데 아무리 의술이 좋아졌다고 하지만 4기 암환자 입장에서는 언제 사망하게 돼도 이상하지 않은 상황이라 부적절한 말이었다.

응원차 '억지로라도 힘내'라고 하는 분들이 있는데, 그런 응원을 들었을 때는 사실 정신적인 부분은 물론이거니와 몸 자체가 상태가 안 좋아서 머리로는 힘을 내려고 해도 몸이 전혀 힘을 낼 수 없는 상황인 경우가 많았다. 전혀 힘이 되지 않는 응원이었다.

또 안부 인사차 '그래도 요새는 잘 지내지?'라고 인사를 건네는 친구가 있었다. 당연히 잘 지낼 리가 없는데 좀 무책임한 인사가 아닐까 싶다. 암환자가 잘 지낼 수 있는 경우는 두 가지뿐이다. **완치되거나 죽음에 이르거나.**

종교와 죽음

사람은 누구나 죽는다.

모든 이들이 알고 있는 당연한 사실인데 나는 이 사실을 인지하는 데 한참 걸렸다. 4기 암을 진단받고 내가 죽는다고 생각하니 다른 건강한 사람들이 너무 부러웠다. 그들은 죽지 않을 것이라 생각했나 보다. 결국 그들도 죽게 될, 한낱 인간일 뿐인데.

인간은 태어날 때부터 죽음을 향해 달려가는데 나는 조금 더 빠르게 달려가고 있을 뿐이다. 누구나 결국은 죽는데 왜 이렇게 억울하고 슬픈지 모르겠다. 인간의 본능은 나를 왜 이렇게 오래 살고 싶게 하는지 모르겠다. 주위에 할머니 할아버지들만 만나도 '그냥 저분들 나이까지만 살아도 좋겠다'는 생각이 든다. 무병장수까지는 바라지도 않는다. 딱 평균 수명만큼만 살고 싶다.

아니, 부모님보다만 늦게 죽어도 괜찮을 것 같다. 부모님이 둘째 아들을 잃은 사람이 되지 않았으면 한다. 부모님은 사실 길게 사셔 봤자 앞으로 20~30년 더 사실 텐데 그동안만이라도 바짝 효도하고 세상을 뜨고 싶다.

몇 년 전만 해도 나는 삶에 대한 애착이 크지는 않았다. 살고 싶지 않다는 것은 아니지만 '굳이 오래 살아야 하나?!' 하는 마음이 있었다. 열심히 건강 관리 하면서 하고 싶은 거 못 하고 먹고 싶은 거 못 먹으면서 오래 살 바에는 짧고 굵게 살고 싶었다.

하지만 이건 짧아도 너무 짧은 게 아닌가 싶다. 막상 이런 상황이 되니 그때 왜 그런 생각을 했을까 후회뿐이었다. 신이 있다면 내가 그때 정말 잘못 생각했고 지금 후회하고 있으니 좀 더 오래 살게 해 달라고 애원하고 싶다.

좀 더 오래 살고 싶다. 그냥 남들처럼 평범하게만이라도….

이 모든 게 사실 희망 사항에 불과할 뿐이다. 현실은 나에게 시간이 얼마 남지 않았다는 것을 매시간, 매 순간 알려 주고 있다. 나는 지금 당장을 어떻게 살아야 하는지 혼란스러웠다. 많은 혼란과 고민 끝에 결론을 내렸다.

'치료의 과정과 생사는 하늘에 맡기고 나는 오늘을 살아야지.'

그렇다. 나에겐 오늘 하루가 정말 소중한 하루니 이것저것 고민할 시간에 하루하루, 한 시간 한 시간을 소중히 써야겠다는 생각이 들었다. 언젠간 떠나는 날이 오면 "잘 놀다 간다"라고 말할 수 있도록 정말 일분일초를 소중히 써야겠다는 생각이 든다.

어렸을 때 들었던 문장 중 감명 깊던 문장이 있는데, "오늘은 어제 죽은 사람이 그토록 바라던 내일이다"라는 문구였다. (원재훈의 《네가 헛되이 보낸 오늘은 어제 죽은 이가 그토록 그리던 내일이다》) 그때도 감동적인 문구였지만 요새 들어서 이 말이 그렇게 공감이 갈 수가 없다. 특히 아침에 일어날 때마다 '응?! 오늘도 안 죽고 살아 있네?!'라는 생각이 든다. 정말로 **아침마다 오늘도 살아 있음에 감사하다.**

엄밀히 말하면 죽음보다 더 무서운 것은 고통이다. 암이 직접 주는 고통은 사실 그렇게 와닿지는 않는다. 가끔 내 몸에 암이 정말 있나?! 싶기도 했다. 오히려 항암제나 치료 부작용에 대한 고통이 더 컸다. 가끔 이런 고통을 계속 겪으니 죽어 버리는 게 낫겠다는 생각도 해 본 적 있다. 고통 없이 죽기 위해 치료를 거부하는 사람들의 마음이 이해가 갔다.

하지만 내가 그들처럼 치료를 거부했다면 지금 이 세상에 없을지도 모르는 일이었다. 그 당시는 일단 좀 더 사는 게 우선이었기에 일말의 고민 없이 항암 치료를 택했다. 하지만 불편한 것도 점점 많아지고 참을 수 없는 고통을 몇 번 겪어 보니 생각이 바뀌었다.

대부분의 4기 암환자들은 진단받았을 때가 가장 정상일 때라고, 암환자 커뮤니티를 통해서 익히 들었다. 정상이라는 단어가 맞지 않을지 모르겠지만 그만큼 4기 암환자들에게 앞으로 다가올 고통은 어마어마한 것이었고 나도 어느 정도 이미 경험을 했다. 지금도 너무나 고통스럽지만 앞으로 다가올 고통에 몸서리쳐질 때가 한두 번이 아니었다.

특히 뇌에 감마나이프 수술을 하는 것은 너무나도 고통스러웠다. '정위틀'이라고, 머리를 고정하는 도구가 있는데 확실하게 고정하기 위해 나사를 두개골에 직접 박는다. 볼트는 너트에만 들어가는 도구인 줄 알았는데 내 머리에 꽂다니……. 그 고통은 이루 말할 수 없었다. 그것도 수술 준비나 수술 시간이 길어지면 반나절 이상 머리에 꽂고 있어야 하는데, 그때는 정말 삶에 대한 욕심이 사라질 수밖에 없었다.

그런 일들을 몇 번 겪다 보니 고통 없이 죽을 수 있다면 오늘 죽어도 괜찮다는 생각을 하게 되었다. 안락사나 자살까지 생각해 본 적 있지만 그것은 가족에게 너무 죄스러운 일이기 때문에 하지 않기로 마음먹었다. 하지만 고통이 너무 크다 보니 그 수준까지 생각한 적은 있었다. 말도 안 되는 얘기이지만 그만큼 나에겐 고통이 죽음보다 무서운 존재였다.

철학자가 된 양 죽음이나 인간의 삶에 대해 너무도 깊게 생각하고 고민하다 보니 어느 순간은 내가 죽음을 초월한 존재처럼 느껴지기도 했다. 또 그럴 수 있었던 것은 내가 가지고 있는 신앙 덕분이었다.

나는 태어났을 때부터 성당을 다니고 있었다. 흔히 말하는 모태신앙의 증거였고 부모님 덕택에 신앙을 쉽게 접할 수 있었다. 어렸을 때는 정말 성당에 진심이었기 때문에 성당에서 할 수 있는 활동은 모두 했었고, 고등학교 대학교도 천주교 관련 학교로 진학했다. 신부님이 되어 볼까 하는 생각도 한때 잠시 해 본 적 있었다.

하지만 머리가 굵어지면서 신앙생활을 멀리하기 시작했었고 신의 존재에 대해 의심하기 시작했다. 심지어는 성당에서 결혼식을 진행하자는 부모님의 의견에 적극 반대하여 결국 결혼식장에서 식을 올렸다. 내 인생에서 떼려야 뗄 수 없는 신앙생활은 어느 순간부터 다른 세계 얘기가 되었다.

사실 성당을 안 나갔을 뿐이지 신앙이 아예 사라진 건 아니었다. 사람이란 존재가 간사한 존재라고 누가 그랬던가. 내가 힘들 때는 그래도 기도로써 신에게 도움을 청했고, 안 좋은 일이 있을 때에는 의지할 존재를 찾았다.

그러다가 4기 암을 진단받게 되었고 그때부터는 다시 열심히 신앙생활을 시작하게 되었다. 내가 하도 성당을 안 나오니깐 이렇게라도 성당에 좀 나와라 하는 그분의 뜻인가 싶기도 했다.

물론 그러기엔 너무 가혹한 형벌이라 생각해서 반발심이 생기긴 했지만 그래도 내 뿌리는 성당 안에 있었다. 나에게 암이라는 병을 주신 뜻이 있을 거라 생각했다. 물론 그 뜻이 정확하게 무엇인지는 알 수 없었다. 일단 지금 내가 할 수 있는 건 기도밖에 없었다. 평소에 너무 힘들다가도 기도하는 순간만큼은 마음에 안정이 찾아왔다. 신이 실제로 존재한다고 100% 확신할 수는 없지만 종교의 순기능만큼은 인정해야 한다는 생각이 들었다. 종교를 갖게 되면 마음에 평화를 얻을 수가 있다.

신이 원망스러울 때도 많았다. 누군가 '신은 인간이 감당할 수 있는 만큼만의 고통을 주신다'고 했는데 정말 이해가 안 되는 말이었다. 나는 이미 감당할 수 있는 이상의 고통을 받고 있었다. 그때마다 "신이시여, 뭔가 계산을 잘못하신 거 아닙니까? 저는 그릇이 작고 알량한 사람이라 작은 일에도 힘들어하고 상처를 받습니다. 조금만 재고해 주세요"라는 엉뚱한 기도를 하곤 했다. 그만큼 나에게 다가오는 정신적, 육체적 고통은 어마어마했기에 그때마다 원망스러운 마음이 들 수밖에 없었다.

물론 멀쩡할 때는 신앙생활을 하지 않다가 이렇게 되고 나서야 신앙생활을 다시 시작하는 내가 스스로 못나 보일 때도 있지만 그것은 아무래도 중요하지 않았다. 나는 지금 의지할 곳이 필요했고 내가 힘들 때는 기도로써 마음을 기대곤 했다.

투병 생활을 하면서 정말 기적 같은 일이 많았다. 내가 치료하는 과정에 있어서도 우연의 연속이 작용을 했고 내 주위에 나를 응원해 주는 분들이 가늠이 안 될 정도로 많았다. 사실 부모님의 덕이긴 했다. 부모님의 인생은 사실상 신앙생활이 전부라 할 수 있을 정도로 성당을 열심히 다니셨고 지금 다니고 계신 전주의 성당은 우리 가족이 30년 이상 다니고 있는 성당이라 거의 대부분의 신자들이 아는 분들이었다.

그분들은 나의 이야기에 진심으로 마음 아파해 주셨고 내 소식이 이곳저곳 전달되다 보니 정말 말도 안 되게 많은 분들이 나를 위해 기도해 주셨다. 너무 진심으로 감사했고 내가 나아져서 꼭 그분들에게 다 보답하고 싶은 마음이 들었다.

내 생활 속에 소소한 기적들도 있었다. 코로나가 너무 심해 미사를 가지 못하고 유튜브 영상을 통해서 미사를 보고 있었는데, 갑자기 영상에 있는 그 성지에 직접 가고 싶은 마음이 생겼다. 그래서 부모님께 말씀을 드렸더니 새벽에 바로 전주에서 올라오셨다. 나와 그 성지를 가시겠다고 말이다. 부모님 덕택에 성지에서 충만한 마음으로 미사를 마칠 수 있었다. 끝나고 나오는데 성지에서 유기농 채소를 팔고 있길래 그 채소를 구입했다. 그런데 그 채소를 직접 기르신 분께서 나를 예전부터 지켜보셨다는 것이었다. 내가 혼자 또는 부모님과 미사를 보는 모습을 몇 번 보시고 뒤에서 너무 안쓰러워 눈물을 흘리셨다며 나를 위해 기도해 주시고 싶다고 하셨다. 그분과 전화번호를 교환하고 지금도 연락을 드리고 있다. 나는 그분을 '어머니'라고 부르는데, 이런 경험이 꽤 있어서 나에겐 많은 어머니들이 있다.

이 책을 통해서 그분들에게 너무나도 감사하다는 인사를 전하고 싶다.

너무나도 감사합니다!! 저를 위해 기도해 주시는 많은 어머니분들, 아버지분들!! 당신들 덕분에 저는 행복합니다.

일대기

내 버킷리스트 중의 하나인 일대기에 대해 써 보려 하지만 가장 문제인 것은 나의 기억력이다. 사실 유년 시절은 정말 행복하고 유복하게 보냈지만 사건에 관하여는 기억이 잘 나질 않는다. 그래도 최대한 기억해서 적어 보려 한다.

1988년 4월 24일, 날이 아주 맑은 봄에 태어났다. 새벽에 태어났고 3.2kg으로 건강하게 태어났다. 형은 2.6kg로 태어났기 때문에 형을 낳을 때보다는 좀 힘들었다는 얘기를 엄마께 들었다. 하지만 비교적 편하게 순산하셨다고 그러셨다. 형은 1986년 11월 25일생이다 보니 17개월 차이가 채 되지 않는다. 부모님도 모두 겨울에 태어나셔서 우리 가족은 늘 겨울에 생일 파티를 몰아서 하고 봄에 내 생일 파티 이후로는 생일 행사가 쭉 없었다.

우리 집은 어렸을 때 가난했었다. 이층집에 셋방살이를 했는데 우리 네 가족에 할머니 할아버지 가족 여섯이 좁디좁은 2층에서 옹기종기 모여 살았다. 하지만 기억이 선명히 나진 않는다. 내가 3살(만으로 2살) 되던 해에 지금 살고 있는 아파트로 이사를 왔다.

아빠는 선생님이셨는데 선생님 월급으로 아빠의 가족이 힘들게 살았고 엄마가 우리 집에 시집오시면서 경제적으로는 그나마 괜찮아졌다. 그래도 맞벌이를 하셔서 그런지 금방 셋방살이를 탈출한 편이었고, 대기업 은행을 다니시던 엄마의 수완 덕에 대출을 받아 지금 살고 있는 전주 집으로 이사를 했다.

그때 당시의 아빠의 심정을 빌려서 얘기해 보면 마치 궁궐로 이사한 줄 알았다고 하셨다. 그만큼 힘들었던 셋방살이의 집을 떠나 떳떳하게 방 3개 있는 우리 집으로 입주를 했고, 할머니 할아버지를 포함한 우리 여섯 식구는 그곳에서 자가 생활을 시작했다. 결론적으로 부모님께서 그 아파트에 지금도 살고 계신다.

아빠는 학교에, 엄마는 은행에 출근했기 때문에 할머니께서 형과 나를 돌봐 주셨다. 그래서 나는 다른 내 또래 애들보다 할머니와 정이 깊다. 할머니께서도 수많은 손주 중 내가 1등이라시며 나를 더 예뻐해 주셨다. 형은 할머니와 사이가 좋지 않다. 엄마를 시집살이시켰다는 이유로 할머니를 못마땅해하지만 나는 그래도 할머니를 이해한다. 옛날 분이시다 보니 그런 게 익숙했던 것이셨고, 그래도 할머니가 없었다면 아버지가 없었고, 우리도 없었을 것이다. 그리고 부족하지만 우리를 사랑으로 케어해 주셨고, 나마저 할머니를 미워한다면 아빠가 많이 속상해하실 것 같아서 나는 할머니와 늘 잘 지내 왔다.

하지만 현실적으로 엄마의 손길과 할머니의 손길은 다르긴 했다. 할머니께선 좋은 분이셨지만 아무래도 연세가 있으시다 보니 우리를 제대로 잘 돌봐 주시는 건 어려웠다. 게다가 할머니께서는 경로당에서 고스톱을 즐겨 하시다 보니 우리에게 신경 써 주시는 부분이 조금 부족했고 엄마께서도 자식 교육 걱정이 크셨다.

결국 초등학교 들어가던 해에 엄마는 은행을 그만두셨고 나는 엄마와 계속 함께할 수 있다는 사실에 너무 기쁘고 행복했다. 하지만 엄마는 그 이후로도 몇 년이나 은행을 그만둔 것을 후회하셨다. 지금 생각하면 너무 죄송하다. 어린 마음으로 그저 엄마랑 함께 보낼 수 있기를 바랐지만 자식을 위해 그렇게 직장까지 포기해 버린 엄마의 희생에 죄송하다. 그래서 엄마께 더욱더 잘하려고 했지만 세상일은 내 맘대로 되지 않는다.

모든 이들에게 그렇지만 엄마는 사랑 그 자체다. 오직 자식들만 걱정하고, 자식들을 위해 본인 하고 싶은 거, 사고 싶은 거 다 자제하면서 사신다. 사실 엄마한테 너무 미안하다. 엄마를 사랑하지만 늘 엄마랑 많이 다퉜다. 지금 생각에는 성격이 너무 비슷한 사람끼리는 안 맞는다고 하던데, 엄마랑 내가 그런 유형이지 않나 싶다.

다 나를 걱정해서 하는 소리인 것은 알지만 나에겐 너무 스트레스인 부분이 많았다. 너무 과한 걱정과 너무 과한 잔소리가 늘 나를 괴롭혔다. 심지어 내가 아픈 것조차 엄마의 말을 듣지 않아서 아픈 거라고 하셨다. 그 말은 나에게 상처가 되었다. 내가 아프고 나서도 엄마의 잔소리는 멈추지 않았다. 예전 같았으면 가끔 참기도 했지만 지금의 나는 참지 않는다. 아니, 참지 못한다. 모든 것에 발끈하여 엄마께 화를 내곤 했다. 화를 내고 나서는 매번 후회했지만……. 나도 내가 왜 이러나 싶다. 엄마께 너무나도 죄송하지만 마음이 맞지 않는 부분은 어쩔 수 없다. 그래도 평생 엄마를 사랑하는 것은 변함이 없다.

아빠는 다정한 분이셨다. 사실 평소에 엄청 다정하시고 좋은 분이지만 가끔 욱하는 성격도 있으시다. 어렸을 때는 '아빠가 갑자기 왜 화를 내지?' 이런 생각을 할 때가 가끔 있었다. 그리고 나보다는 형을 더 좋아하시는 것 같았다. 어린 마음에 서운한 적도 있었는데 지금은 이해한다. 형은 워낙 선하고 모범적인 사람이었고 나는 잔꾀를 많이 부리는 성격이라서 더 많이 혼났을 뿐이다. 아빠가 형 못지않게 나를 많이 사랑하고 있다는 것을 안다. 다만 아빠랑은 성향이 좀 맞지 않았던 것 같다.

그래도 내가 암을 진단받고 가장 힘들고 슬퍼하신 분은 아빠였다. 엄마도 당신의 삶을 포기하고 아들을 위해 희생하셨지만 아빠도 마음으로 슬퍼하셨고 본인 좋아하시는 골프, 술자리, 친구 포함 많은 것을 포기하셨다.

어렸을 때 방학이 되면 강원도로, 제주도로 여행을 많이 다녔는데 아빠가 선생님이었기 때문에 가능했다. 아빠는 가족들과 함께 여행하는 것을 좋아하셨고 덕분에 우리도 많은 곳을 보고 많은 것을 경험했다. 또 아빠는 국사 선생님이셔서 어느 유적지를 가든지 그에 대해 자세히 설명해 주셨다. 그래서 어렸을 때부터 자연스럽게 역사에 대해 관심을 갖기 시작했고 다른 이들보다 풍부한 상식을 갖출 수 있었다.

이런 경험들이 좋은 경험이 되어서 그런지 최고의 직업이 무엇이냐 누군가 물었을 때 자신 있게 나는 대답한다. '자식들에게 최고의 직업은 국사 선생님'이라고. 물론 전문직이나 좋은 직업들도 많지만 자식들 방학 때 같이 여행도 다닐 수 있고 아이들이 궁금해하는 역사적 사실들에 대해 모두 알려 줄 수 있는 국사 선생님이 최고의 아빠였다. 평생을 가족들을 위해 교단에서 일해 오신 우리 아빠가 너무 자랑스럽다.

엄마의 집안도 유래 깊은 천주교 집안이고 아빠도 젊었을 때부터 성당을 열심히 다녔다 보니 어렸을 때부터 내 삶은 천주교에 스며들어 있었다. 내가 의식이 있기 전부터 나는 세례를 받아 천주교 신자가 되어 있었고, 의지가 있기 전부터 자연스레 성당을 다니고 있었다. 유치원도 천주교 유치원을 다녔고 어렸을 때부터 성당을 다닌 덕에 지금도 친하게 지내고 있는 친구들이 꽤 오랜 친구들이 많다. 그 친구들은 동네 친구이자 성당 친구이다.

내가 다니는 성당이 꽤 커서 신도가 5천 명 가까이 되는데, 워낙 다닌 기간이 길기 때문에 지금도 성당에 가면 대부분 아는 분들이다. 우리는 이사를 안 다녔기 때문에 늘 같은 이웃과 같이 자라 왔고, 같이 늙어 왔다. 어렸을 때는 그 성당에서 교리를 받았고, 내가 커서는 교리 교사가 되어 성당에 다니는 아이들을 가르쳤다. 술도 성당에 같이 다니던 형, 누나들한테 배웠다. 그만큼 내 뿌리는 그 성당에 있었고, 성당에 다니고 있는 많은 분들께서 하나같이 내가 아프다고 하니깐 진심으로 마음 아파 해 주셨고 나를 위해 기도해 주셨다.

초등학교 때는 정말 하고 싶었던 것을 다 하고 살았던 것 같다. 우리 집은 부자는 아니지만 엄마는 나에게 지원을 아끼시지 않으셨고 피아노학원, 바둑학원, 아이스스케이트학원, 서예학원, 그림학원 등등 해 보고 싶었던 것은 다 배웠다. 그리고 꿈꾸던 것을 즉시 실행에 옮겼다. 물론 끈기 있게 오랫동안 다녔던 학원은 없지만 무언가 알게 모르게 내 삶에 자양분이 되었다.

공부도 열심히 하지는 않았지만 못하는 편은 아니어서 친구들에게 인기가 좀 있었다. 그때는 운동 잘하고 공부 잘하면 인기가 있었기 때문에 친구들과 잘 지냈고 반장 등 학급 대표는 항상 도맡아서 했다.

내가 나서는 걸 좋아해서 그런 것도 있었지만 반장에 당선되면 엄마가 너무나도 좋아해 주셨다. 엄마의 사랑을 더 얻고 싶어서 그렇게 반장을 쫓았던 것 같다.

나는 친구들도 많았지만 주로 어렸을 때는 형과 어울렸기 때문에 형 친구들과도 친했다. 그래서 나랑 어울리는 동료들은 주로 나보다 한두 살 많은 형들이었고 어렸을 때부터 또래보다 조금 성숙한 놀이를 즐겼다. 덕분에 동년배 친구들보다는 뭐든지 조금씩 빠르게 접했던 것 같다.

고등학교는 천주교 학교로 진학을 했는데, 소위 말하는 뺑뺑이로 고등학교가 배정되었다. 사실 아빠가 계시는 학교만 안 가길 바랐다. 아빠랑 같이 학교를 다니는 것도 나쁘진 않겠지만 나는 스스로에 대해 자신감이 없었고, 그래서 아빠 얼굴에 먹칠하고 싶지는 않았다. 그리고 다른 선생님들이 나에게 기대하는 시선이 부담될 거 같아서 아빠께서 다니시는 학교만 안 되길 바랐는데, 다행히도 다른 학교에 배정이 되었다. 천주교 재단 소속의 학교인데 형도 그곳에 다니고 있어서 형이랑 학교를 같이 다니게 되었다.

사실 형은 뭐든 나보다 한 수 위였기 때문에 늘 그의 그늘 속에 살아왔는데 고등학교 생활까지 형의 그늘 안에 살게 될 줄은 몰랐다. 학교 어딜 가나 선생님들이건 형의 친구들이건 형의 얘기를 했고 나는 '나 자신'이 아니라 '그의 동생'이 되었다.

사실 자격지심 같은 건 전혀 없었다. 오히려 형한테 고마웠다. 형 덕분에 1학년 말에 전교 부회장이 되었다. 3학년 형들의 일방적인 몰표 덕분이었다. 고등학교 학교생활은 나쁘지 않았지만 공부와는 점점 거리가 멀어졌고 나는 소위 말하는 모범생에서는 매우 벗어나 있었다.

그래도 어찌저찌 대학에는 잘 진학했다. 서울 가톨릭대학교 국사학과에 진학했고 아빠의 의지를 잇게 되어 기뻤다. 내 실력에 비해선 그래도 나름 성공적인 진학이었고 그때부터 본격적인 내 젊음의 행진이 시작되었다.

학교에는 마음 맞는 친구들이 많았고 몇몇 친구들은 같이 동거도 했었다. 원체 사람들을, 또 친구들을 좋아하는 성격이라 친구들과 어울리는 게 너무 즐거웠고, 나름 방탕한 생활을 즐겼다. 술 마시고, 게임하고, 여행 다니고……. 친구들과 함께하는 모든 것들이 즐거웠다.

군대도 친구들과 비슷한 시기에 같이 다녀왔다. 군대는 빨리 다녀오는 게 좋다는 주위 말씀을 듣고 다 같이 1학년 마치고 입대를 했다.

군대에 입대하는 날이 기억나는데, 우리 네 가족 모두 나의 입대를 위로해 주러 같이 훈련소로 갔었다. 형도 그 당시 군인이었는데 말년 휴가를 나와서 내 입대까지 따라와 주었다. 형이 입대할 때는 부모님도 눈물을 훔치셨고 분위기가 무거웠다. 매우 슬픈 입대 현장이었는데 내 입대는 분위기가 사뭇 달랐다. 입대 행사 마지막에 내가 부모님께 충성 외치고 훈련소 쪽으로 돌아서 들어가는데 형이 "김홍근, 개고생해라~!!"라고 강당이 떠나가게 소리 질렀던 기억이 있다. 그러고는 나 빼고 세 명이서 가족 여행을 떠났다고 들었다. 그 얘기를 듣고 매우 서운했던 웃기고도 슬픈 기억이 있다.

군대를 제대했을 때는 매우 기뻤지만 사실 또 다른 방황의 시작이었던 것 같다. 내 앞날에 대해 고민을 많이 했고, 어떤 진로를 잡고, 어떻게 대학 생활을 해야 할 것인지 많이 고민했다. 결국 국문과로 복수 전공을 택했고 국사학과보다는 국문과에 비중을 두고 수업을 들었다.

방황을 하던 나머지 휴학도 1년 했다. 고민은 많았지만 그래도 늘 즐거움은 잊지 않고 살았다. 가족들과 잘 지내고 친구들과도 잘 지냈다. 좋아하는 사람이 생겨 연애도 할 수 있었다. (이 책을 아내가 볼 수 있기 때문에 이야기를 길게 적진 않겠다.)

대학 졸업반이 되어서야 진로에 대해 갈피를 잡을 수 있었다. 아는 선배가 이끌어 주기도 했고 원래부터 기자에 대한 로망이 있었다. 워낙 글 쓰는 것도 좋아했고 돌아다니는 것도 좋아했어서 나한테는 천직이 아닐까 싶었다. 그렇게 나는 기자가 되었다.

기자 생활은 초반에는 쉽지 않았다. 널리 알려진 대로 박봉에 야근하기 일쑤였다. 하지만 일 자체는 즐거웠다. 많은 흥미로운 소식을 대중들에게 알릴 수 있기에 매력적인 직업이었다. 원체 오지랖이 넓은 나였기에 내 성격을 직업으로 확장하는 기분이었다. 일하다가 지칠 때도 있었지만 그럴 때는 회사를 그만두고 몇 달을 쉬었다. 기자로서의 능력은 자신이 있었기에 다른 언론사에 쉽게 취직할 수 있다는 믿음이 있었다.

직장 동료들 및 대표이사님으로 좋은 분들을 많이 만날 수 있었다. 일은 힘들었지만 그분들을 통해서 많은 것들을 배우고 일하는 데 좋은 동기부여가 되었다. 물론 회사를 그만둘 때는 죄송했지만 워낙 이직이 많은 직업이기 때문에 다들 이해해 주셨다.

퇴근 후에는 어김없이 친구들과 가끔 술자리를 가졌다. 친한 친구들과 카카오톡을 주고받다가 갑자기 한 친구가 '약속의 장소로'라는 카카오톡을 남기면 그날은 아무런 답장도 약속도 없이 우리가 자주 가는 어느 술집에 모이는 날이었다. 시간도 정해 놓지 않고 그냥 퇴근하고 바로 모이자는 암묵적인 신호와 같았다. 사실 그날은 그 멘트를 친 친구가 이별을 한 날이었는데, 모여서 같이 위로도 하고 웃고 떠들기도 하면서 삶의 힘듦이나 스트레스를 날려 버리곤 했다.

그러던 어느 날, 친구가 그녀의 친구를 우연히 같이 술자리에 합석시켰는데 그 친구가 너무 맘에 들었다. 성격도 활발해서 너무 좋았고 외모도 어디 가서 빠지지 않는 외모였다. 나는 말 그대로 그녀에게 직진했다. 결국 우리는 사귀게 되었고 몇 년 후 결혼까지 하게 되었다.

아내는 너무도 유쾌한 반려자였다. 내 친구들과 같이 모여 노는 것도 스스럼없었고 시부모님께도 어려움 없이 다가갔다. 우리 집에 잘 융화되었고 나 또한 장인어른과 잘 지냈다. 친구들 또는 가족들을 우리 집에 초대해서 맛있는 거 시켜 먹고 술 한잔 하면서 시끄럽게 떠들고 노는 게 나에게 있어 가장 큰 즐거움이었다. 물론 아내랑 단둘이 퇴근 후 맛있는 집을 찾아가 식사와 반주하는 것도 너무 즐거웠다. 아내랑 너무도 잘 맞았고 이렇게만 살아도 행복하겠다 싶었다.

  결혼한 지 2년 차 되던 해에 아이를 가져 볼까 생각했었다. 형의 자식들인 나의 조카들도 너무 이뻤고, 나도 애초에 젊은 아빠가 되는 게 인생의 목표였다. 늘 빨리 결혼해서 빨리 아이를 낳고 싶었다. 젊은 아빠로 아이 유치원 체육대회에 나가는 것을 늘 상상했다. 아이에게 좋은 아빠가 되어 줄 자신이 있었고, 하나든 둘이든 잘 낳아서 행복하고 단란한 가정을 꾸리고 싶었다. 하지만 아이를 가져야겠다 생각할 때쯤 나는 암 진단을 받았다.

맺음말 (형의 알림말)

너무나 사랑하는 하나뿐인 동생이 세상을 떠났습니다. 그동안 기도해 주시고 응원해 주신 분들께 먼저 너무나 감사하다고 인사드리고 싶습니다.

저보다 정확하게 17개월 늦게 태어났지만 서른다섯이라는 젊은 나이에 세상을 등지고 말았습니다. 더위를 유난히도 싫어하던 동생인데 뭐가 그리 급했는지 여름이 오기 전에 가 버렸네요. 기적이 일어나길 너무나도 바라고 기도했지만 기적은 우리에게 오지 않았습니다.

그래도 시한부 6개월이라는 육종암 말기 진단을 받은 지 2년 6개월이 지났는데, 그동안 버텨 준 것만으로도 너무 감사한 일이라고 생각하고 있습니다.

물론 동생은 고통 속에 살았지만, 가족들은 이별을 준비할 수 있었고 비록 짧은 기간이었어도 평생을 압축한 것처럼 동생과 최대한 시간을 보낼 수 있었습니다.

누구에게나 형제가 특별한 존재겠지만 저한테는 정말 분신 같은 동생이었습니다. 유치원, 초중고를 다 같이 다녔고 군대도 비슷한 시기에 다녀왔습니다. 아는 분들은 아시겠지만 목소리 말투 심지어 글씨체마저 똑같습니다. 어렸을 때는 쌍둥이냐는 얘기를 많이 들었습니다. 생각해 보면 그때까지가 정말 행복했던 것 같습니다. 사람에게 행복의 총량이 있다면 그 기간 동안 다 써 버린 듯싶습니다.

제 동생은 정말 착한 사람이었습니다. 저에 비해 배포도 크고 늘 양보하는 사람이었습니다. 암을 진단받고는 본인의 불행이 누군가에는 행복의 씨앗이 되기를 바란다고 늘 얘기했습니다(그래서 유튜브 채널도 운영했습니다). 가족 중에 누가 아파야 한다면 그게 본인이라 다행이라고 늘 얘기했습니다. 임종 직전에 엄마께 너무나도 감사하다는 인사도 잊지 않았습니다.

생각해 보면 저는 착하지 않았지만 제 동생을 비롯한 저희 부모님은 정말 착하고 성실하게 사셨고 늘 베풂과 나눔을 강조하셨습니다. 하지만 착한 사람은 복을 받는다는 말은 틀린 말인 것 같습니다. 저도 앞으로 인생에 어떤 지향점을 두고 살아야 할지 혼란스럽기만 합니다.

저희 가족 모두 성당을 열심히 다녔고, 저는 진심으로 저의 성공이나 재산 증식을 위해 기도한 적이 없습니다. 제일 많이 기도한 건 오로지 가족의 건강과 평화뿐이었습니다. 하지만 신께서는 무슨 뜻이 있으신지 그 하나의 소원도 들어주지 않으셨고, 저는 결국 무신론자가 되어 버렸네요.

사람은 누구나 죽기 마련이고, 죽음이란 숭고한 일이라고 늘 생각해 왔지만 막상 이런 이별이 닥치니 말로 할 수 없는 아픔과 슬픔이 오는 건 어쩔 수 없는 것 같습니다. 그리고 늘 좋은 형이라 자부했는데 왜 이리 못 해 준 것만 생각나는지 모르겠습니다.

동생은 죽는 게 두렵지 않다고 의연하게 말했지만 고통에 늘 힘들어했습니다. 해서, 이제는 고통 없는 곳에서 편히 쉬길 바랄 뿐입니다.

저는 이제는 무신론자가 되었기 때문에 다시 만날 거라 믿지는 않지만, 혹시 모를 사후의 인연을 기대해 보기에 저 또한 죽음이 다가오는 것을 마냥 두려워하진 않을 것 같습니다.

　이 힘듦을 이겨 내라. 동생 잊고 잘 살아라 하는 분들이 가끔 계신데, 저는 이 슬픔을 이겨 내고 싶지도 않고 동생을 잊고 행복하게 살 마음도 없습니다. 평생 잊지 않을 것이고 안고 살아가야 할 형제의 연이라 생각합니다.

　다만 지금 저의 바람은 제 슬픔으로 인해 주위 분들이나 가족, 저희 아이들이 안 좋은 영향을 받지는 않았으면 합니다. 저희 아내와 아이들은 행복할 자격이 있는 사람들이고 제 친구들, 주위 분들도 마찬가지입니다. 그리고 특히 저희 부모님을 보듬어 드리고 싶습니다. 저희 부모님만 생각하면 마음이 미어집니다.

　부모님께는 이제 제가 전부이고, 저도 제 전부인 부모님과 가족들을 돌봐야 할 시간인 것 같습니다. 사랑하는 동생은 마음 한편에 잘 간직하고 저는 또 제 삶을 잘 살아 나가겠습니다.

　그리고 동생의 버킷리스트의 하나인 책을 출판하는 일을 꼭 해내고 싶습니다. 예전부터 책을 내고 싶다고 입버릇처럼 얘기했고, 본인이 책 출간을 위해 틈틈이 메모해 놓은 자료들이 있기 때문에 그것을 토대로 동생의 책을 출판해 볼까 합니다.

　책을 꼭 출간해서 많은 분들에게 좋은 영향력을 주었던 동생을 기억하고 그 의지를 계속 실현할 수 있도록 하겠습니다.

부록

- 투병몽의 브런치스토리

"선생님, 저 죽나요?"
– 크리스마스만 다가오면 괜히 공포에 질리는 건 다 이유가 있다

다니던 회사도 결국 '재택근무'를 결정할 수밖에 없었다. 아싸리~ 재택근무라니 좋지 않을 수 없겠는가. 연차가 쌓여도 이건 어쩔 수 없다. 그냥 나란 놈의 본성인 것이다.

거실에 노트북을 펴 놓고 작업을 시작하던 그때, 뒷목에서 진한 통증이 느껴졌다.

'그러게 평소에 자세 좀 신경 쓰자니까….'

긴 시간 컴퓨터 앞에 앉아 작업을 해야 했던 직업적 특성상, 결국 목 디스크가 터졌나 보다 추측하며 스스로를 자책했다. 저녁이 돼 퇴근한 아내도 한술 거들었다.

"나도 목 디스크로 아파 봤는데 3~4일 정도 지나면 괜찮아지더라고."

3~4일이면 버틸 만하지. 그렇게 아무 생각 없이 자연 치유를 바라며 4일을 버텼다. 하지만 나아질 때가 됐는데도 낫질 않자 아내만 탓했다. 3~4일이면 낫는다더니…. 4일이 지났지만 통증만 심해질 뿐, 좀처럼 나아질 기미는 보이질 않았다. 즉시 동네 정형외과를 찾았다. 증상을 설명했더니 역시나, 목 디스크란다. 물리치료를 받고 돌아가라는 의사의 말을 뒤로하고 '재수 옴 붙었다' 생각했다. 하지만 그땐 미처 깨닫지 못했다. 그렇게 목 디스크로 그냥 재수 옴 붙은 인간이었으면 좋았을 것을…. 차라리 목 디스크였으면 재수 좋은 놈이 될

수도 있었는데 말이다.

다음 날이 되자 몸을 일으키기가 힘들어졌다. 정확하게는 일으켜도 넘어지기 일쑤였다. 너무 어지러웠고, 화장실을 가려다 몇 번이고 넘어졌다.

"여보 이거 목 디스크 맞아? ㅋㅋㅋ"

3~4일이면 나을 거라던 아내의 말이 떠올라서였을까? 웃음이 났다. 그래도 큰일이라고는 생각지 못했다. 젊었으니까…. 이제 서른셋이었으니까….

몸을 일으키지 못해 아무것도 먹지 못한 그다음 날, 증상이 심각한 것을 눈치챈 아내가 출근을 미루고 병원에 가자 했다. 지난번 그 '목 디스크'를 처방해 준 병원으로 가는 길에, 주차장에서 토를 했다.

체한 건가? 멀미인가? 이리저리 생각했지만 아무래도 좀… 싸늘했다. 병원에선 MRI를 찍어 보자 했다. 극한의 짠돌이인 나는 그때도 MRI 비용이 얼마인지를 묻고 있었다. 그리고 고민했다. 하지만 별수 있나. 의사의 권유에 MRI 촬영을 결정했고, 지금 생각하면 그때라도 찍어 본 것이 참으로 천운이었다. 촬영하지 않았더라면 이미 이 세상 사람이 아니었을 수도….

"이거… 큰 병원 가 보셔야 할 것 같은데요."

MRI 사진을 보여 주시던 의사분의 얼굴은 꽤나 심각해 보였던 걸로 기억한다. 모니터에는 하~얀 나의 뇌가 보였고 그 뇌의 오른쪽 아랫부분에는 이상하리만큼 동그랗고 큰 혹이 하나 보였다. 이건 의사가 아니어도 알 수 있었다.

종양이구나.

갑자기 눈앞이 까마득해졌다. 뇌종양…. 내 나이 서른셋… 뇌종양…?

대체 나에게 무슨 일이 일어났는지 생각할 겨를도 없었다. 소견서를 써 줄 테니 근처 가장 큰 병원 응급실로 빨리 가 보라던 의사분의 다급한 목소리가 나를 더 긴장하게 만들었다.

같이 다급해진 아내에 이끌려 집 앞의 대형병원을 찾았고, 내가 정신 차려야 아내를 진정시킬 수 있을 것 같았다. 제거하면 그만이라 생각했던 건지 조금은 차분해진 상태로, 꼬박 하루를 새며 각종 검사들을 진행해야 했다. 그렇게 대망의 다음 날 아침이 밝았고, 아직도 그날을 잊을 수 없다. 2020년 12월 22일. 크리스마스를 이틀 앞둔 날이었다.

"잠깐 나와서 설명 들으시겠어요?"

아침 일찍 간호사 한 분이 들어오더니 보호자를 찾았다. 이상했다. 보통 이런 장면은 영화나 드라마에서 봤던 장면인데? 보호자를 밖으로 불러 상황을 설명하는, 그런 것들은 최악의 상황일 때나 하는 것이 아닌가. 내가 너무 어지러워하니까 배려해서 그러는 걸까? 나도 나갈 수 있다고, 함께 가서 설명을 듣겠다며 굳이 밖으로 몸을 향했다. 나이가 지긋하신 의사분이 앉아 계셨고, 그분은 사진들을 보여주며 조심스레 말을 꺼냈다. (잠깐의 시간 동안 정적이 흘렀던 것으로 기억한다.)

"암입니다."

아, 영화에서 보면 여기서 뒷목 잡고 쓰러져야 하는데. ㅋㅋ 하지만 이건 영화가 아니었다. 영화는 다 거짓말이구나 생각했다. 영화보다 더 영화 같은 실화는 영화와는 달랐다. 뒷목 잡고 쓰러질 시간도 주지 않았기 때문이다.

"문제는… 뇌에만 암이 있는 것이 아닙니다. 폐에 7cm가 넘는 큰 암이 있어요. 뇌에 있는 암은 전이된 것으로 보입니다. 조직검사를 통해 더 자세히 알아봐야겠지만 지금으로선 폐암 4기로 보입니다. 뇌에 있는 것은 수술로 떼 낼 수 있긴 한데, 문제는 폐에 있는 것이에요. 이건 어떻게 장담을 못 하겠네요."

의사분은 말끝을 흐렸다. 분명 자신이 없어 보이는 말투였다. 선생님 겉으로 보기에는 암환자 몇천 명은 살리셨을 것 같이 생기셔 놓고 왜 자신이 없어 보이십니까….

당시 암에 대해 알고 있는 지식이 전무했던 나는 의사분의 말씀들이 무엇을 의미하는지 하나도 알아채지 못했다. 알 리가 없지 않은가. 서른셋에 암이라니. 상상도 못 했던 일이었다. 우리 집안은 암 걸린 사람이 하나도 없어, '가족력'이 없다던 엄마의 말이 떠올랐다. 이렇게 나는 '첫빠따'가 되는 것인가. 조상님들 보십시오. 인사 올립니다. 제가 이 집안의 첫 암환자이올시다.

그냥 내가 궁금한 것은 하나였다. 그리고 어떤 대답이 돌아오느냐에 따라 굉장히 많은 것이 달라질 것을 직감한 나는 매우, 매우매우 조심스럽게 그 질문을 입 밖으로 꺼내 보았다.

"선생님… 저기… 저기 그러니까…. 그러면… 저, 죽나요?"

그리고 나이 지긋하신 그 의사분은 대답이 없었다.

기약의 차이
- 의도하지 않은 것에 상처받기

세상의 암환자는 두 종류로 나뉜다. 기약이 있는 암환자와 기약이 없는 암환자. 나 역시 기약이 있는 암환자인 줄 알았다. 뭐 그때는 아무것도 몰랐을 때라, 어지간하면 좋게밖에 생각하지 못했던 것 같다.

처음 폐암 4기를 판정받고 나서 병실에 누워 폐암 4기에 대해 무진장 검색을 했던 것 같다. 하지만 검색의 결과는 '폐암 사망률 1위', '폐암 4기, 5년 생존율 5% 미만'과 같은 절망적인 정보들뿐이었다. 검색을 하면 할수록 절망감은 커져만 갔고, 나는 병실 침대에 누워, 옆자리 환자들에게 들리지 않도록, 그러나 있는 힘껏 흐느껴 울었다.

그렇게 삼성병원으로 전원을 하게 되고, 뇌종양 수술을 마치고 나서야 내가 가진 암의 종류가 '육종'이라는 희귀종인 것을 알게 됐다. 폐에 있는 암은 수술이 불가능하고, 항암으로 없어질지 아닐지 장담은 못 하지만, 그래도 해 보자는 의사의 말에 나는 별다른 고민 없이 복종을 결심했다. 역시나 아무것도 모를 때라 한창 아무 질문이나 막 할 때, 항암에 대해 설명해 주러 오신 의사 선생님께 물었다.

"전 항암을 얼마나 해야 하나요."

그런 질문을 당연하게 할 법도 했던 게, 암을 진단받고 정보를 찾기 위해 가입한 암 환우 카페에서는, 다들 몇 차 항암을 했네, 항암이 끝났네 등의 얘기들뿐이라 항암은 몇 회 정해 두고 끝이 있는… 그런 것인 줄로만 알았다.

근데 나의 "전 항암을 얼마나 해야 하나요"라는 질문에 의사분은 조금 당황하면서도 진지하게 대답했다.

"할 수만 있다면 계속 해야죠…. 약만 있다면."

충격을 받는다는 말이 바로 이런 말이었구나. 텍스트 그대로 뜯어서 해석해 보자면 이렇다.

"할 수만 있다면" = 할 수 없을 수도 있다.

"계속 해야죠." = 평생 해야 한다는 말인 듯하다.

"약만 있다면" = 약이 없구나….

약이 없다는 얘기는 이미 설명을 들었으나, 그때는 그렇게 충격적이지 않던 게, 이번엔 충격적으로 다가왔다. 의사의 진지한 말투 때문일까? 아니면 안쓰러운 눈빛 때문이었을까. 약이 얼마 없는 상태고, 그 약만 있다면 항암을 계속해야 한다….

그렇게 나는 기약 없는 암환자가 되었다. 그리고 나의 기약 없음은 암환자를 바라보는 시선에서 많은 차이를 만들어 줬다. 항암과 치료에 "끝"이 있는 환자들을 나와 달리 보기 시작한 것이다. 주로 3기 이하의 환자들을 말하는데, 그들은 항암이나 수술이나 방사선 치료든 뭐든, '기약'이 있는 치료를 받고 있었다. 끝이라는 게 존재할 수 있다는 것이었다.

나의 이러한, 다소 삐딱한(?) 시선을 완전히 굳히게 해 준 사건이 있었는데, '공감'에서 오는 '위로'를 얻고자 나와 같은 '젊은' 암 환우들을 찾아 나섰던 적이 있다. 그러다가 한 카카오톡 채팅방을 발견해 그곳에 입장하게 되었는데, 처음에는 다들 항암이 어쩌고, 치료가 어쩌고 하며 서로 공감 있는 대화를 나눌 수 있는 존재들이었다. 비슷한 환경에서 오는 비슷한 생각과 고민들이 우리의 대화를 끊임없이 이어지게 해 줬고, 나는 그러한 것에 만족하고 있었는지 모른다.

하지만 시간이 지나자 그들의 고민이 조금씩 바뀌었다. '이제는 취업', '이제는 학업', '이제는 연애'라며 항암이 끝난 이후의 삶을 고민하고 있는 것이었다. 그들의 항암은 기약이 있는 항암이었고, 그들은 나와는 전혀 다른 이야기들로 공감대를 맞춰 가고 있었다. 어느 순간부터 나는 아무 얘기도 할 수 없는 존재가 되었다.

그리고 조금의 시간이 더 지나자 하나둘 채팅방을 떠나기 시작했다. "이제는 현생"을 살겠다며 말이다. 슬프지만 이해는 했다. 그들은 언제까지고 '암'에 갇혀 살 수는 없는 존재들이었기 때문이다. 다시 현실로 돌아가야 했고, 현실에 대한 고민들로 자신을 채워 가야 했다. 그리고 그렇게 난 '아무 말도 하지 못한 채'로 그 방을 나오게 됐다.

물론, 기약이 있는 환자들이 기약이 없는 환자가 되기도 하고, 기약이 없었던 환자들이 기약이 있는 환자가 되기도 한다. 그리고 사람에 따라 3기 이하의 환자도 자기 관리를 철저히 하며 기약이 없는 것처럼 살아가기도 한다. 하지만 그것이 일반적이지는 않다. 나는 그러한 차이에서 오는 차별감(?)을 이미 느꼈고, 기약이 있는 환자들과의 '일시적인' 공감은 결국 나에게 상처로 돌아온다는 것을 뼈저리게 깨달았다.

그들은 늘 말한다. "전이만 되지 않았으면 좋겠다"라고.

나는 그들이 말하는 최악에 위치한 사람이고, 의도하지 않은 그 모든 것들에 상처를 받는 한낱 개구리에 불과할지도 모른다.

주님, 제가 주님을 버리겠나이다!

"날씨도 좋고 기분도 좋고 술맛은 더 죽여줬지 아마."

얼마 전 TVING에서 방영한 '술꾼도시여자들'이 젊은이들을 중심으로 큰 화제가 되었다. 드라마에 나오는 세 주인공은 각기 다른 성향과 사연을 갖고 있지만, 기쁜 일이 있건 슬픈 일이 있건, 아니면 아무 일도 없어도 함께 모여 술을 마시는 '찐친' 사이다.

나에게도 그런 친구들이 있었다. 퇴근 시간이 다가오면 왠지 모르게 기다려지는 친구들의 카톡. 누군가 먼저 "오늘 콜?"이라는 카톡을 보내야 마지못해 나가는 척을 할 수 있다. 딱히 무슨 일이 있지 않아도 한데 모이면 그렇게 즐거울 수가 없다. 소주잔을 부딪히는 그 청명한 소리는 그날 있었던 스트레스를 한 방에 날리기에 충분했다. 우리는 늘 그렇게 모였다.

우리에겐 암호도 있었다. "약속의 장소로."

카톡이 날아오면 그날은 비상이다. 만나는 시간을 딱히 정하지 않아도, 어디라고 굳이 말하지 않아도, 우리들의 약속된 장소로 알아서 모인다. 암호가 날아온 그날은 누군가 한 명이 '이별'을 당한 날이다. 그날은 우리 모두가 만사를 제쳐 두고 역곡의 약속된 그 장소로 알아서 모인다.

그러다 결혼을 했다. 결혼 이후로도 꾸준히 만나고 있었지만, '감사하게도(?)' 와이프 역시 술을 좋아해 둘이 반주를 곁들이는 날이 더

잦아졌다. 하루는 동네 선술집을 방문했는데 분위기가 너무 좋았다. 한 잔 두 잔 들어가는 술에 알딸딸하니 기분이 좋아져 문득 그런 생각이 들었다.

"이게 결혼 생활의 행복인가 봐."

그날 후로 다짐했다. 이제부터 우리의 여행은 전국 각지의 술을 한 번씩 마셔 보는 여행을 하겠노라고. 그 살짝 취한 알딸딸함의 행복을 여행마다 느껴 보겠노라고.

하지만 그 다짐은 한 번을 실행해 보지 못한 채 끝이 났다. 얼마 지나지 않아 받은 4기 암 판정. 너무나도 절망스러웠다. 다른 것도 힘들었지만, 이제야 행복이란 것을 느끼기 시작했는데, 아직 제대로 시작해 보지도 못했는데, 너무 가혹하다는 생각이 들었다. 지금 생각하면 이상할 수 있겠지만, 그때 당시에는 다른 방법으로 행복할 자신이 없었다.

어찌 보면 술은 나에게 행복을 주는 매개체였다. 기쁜 일, 힘든 일이 있을 때마다 친구들과 기울였던 술 한잔. 퇴근 후에 아내와 기울였던 술 한잔. 술이 없으면 행복하지 않다는 것은 아니지만, 술이 나에게 너는 행복한 사람이라는 것을 알려 주는 것만 같았다. 그런 나에게 내려진 암 판정이, 이제는 그 행복의 매개체와는 완전히 멀어져야 한다는 사실이 나를 더 힘들게 했던 것 같다. 암 판정과 같은 큰 힘든 일이 있을 때는 늘 친구와, 아내와 술 한잔을 기울였어야 하는 건데….

어찌 보면 암 판정 이전의 나에게는 술이 주님이었나 보다. 그리고 아쉽지만 이젠 그 주님을 스스로 떠나보내려 한다. 아쉽…지만….

"주님! 제가 주님을 버리겠나이다!"

생각을 고쳐먹기로 마음먹었습니다

나는 굉장히 부정적인 암환자였다. 이름도 처음 들어 본 희귀암에 그것도 불분명한 종류로 분류…. 이어지는 희귀 유전자까지…. 확률로 계산하면 내가 대체 몇 퍼센트 확률의 사람인지, 전 세계에 내가 유일한 것은 아닐지 생각할 정도로 희귀에 희귀가 꼬리를 물었다. 그러다 보니 긍정적인 부분을 찾아 볼 수가 없는 절망적인 상황에, 스스로 생존의 가능성은 없다고 치부해 버렸는지 모르겠다.

그 어떤 위로와 용기의 말을 들어도 부정으로 가득 찬 나의 마음과 생각을 바꿀 수 있는 것들은 없었고, 그 늪을 헤어 나오고 싶어 수많은 노력을 했다. 그 좋다는 책도 사다 읽어 봤고, 디스트레스 상담이라는 정신 치료에까지 손을 뻗어 봤지만 그것들은 나에겐 '무쓸모'였다.

너무나 부정적인 생각들을 많이 하다 보니, 오히려 "좋은 거 먹고 긍정적으로 생각해서 나을 병이었으면 암이 무슨 암이야"라는, 처한 상황이 비슷한 암환자들의 속 시원한(?) 말들이 나를 위로했다. 그래, 위로라기보다는 공감에 가까웠다고 하는 게 맞겠다.

그런데 그런 내가 어느 순간 변했다. 정말 순식간에 변했다. 그간 그 많은 자연 치료라든지 면역 요법이라든지 펜벤다졸, MSM 요법, 산소 패치 요법, 심지어 한약 요법까지 추천받으면서 어처구니없어 하던 내가, '자율 신경 조절 치료'라는 것에 확 꽂혔다.

자율 신경 조절 치료는 간단하게 얘기하면 내가 내 몸속 신경들을 좋게 조절해서 나쁜 것들을 치료해 가는 방식을 말한다. "좋게 생각하라"와 비슷하지만 오묘하게 조금 다르다. 자율 신경 조절 치료에서 내가 받아들인 가장 중요한 부분은 "자기 주도적 치료"다.

"뭐를 먹고 나았다", "뭐가 몸에 좋다", "이거 먹으면 암이 낫는다" 등 암에 좋은 것들은 참 많다. 암에 좋다는 것들이 이렇게 사방 천지에 널려 있음에도 죽어 나가는 암환자가 이리도 많은 이 아이러니한 세상이다. 그런 것을 알면서도 또 어느샌가 그런 말을 들으면 나도 모르게 솔깃해하고 있다. 그만큼 절실하기 때문이다.

그런데 내가 주도적으로 치료하겠다고 마음을 먹으니, 누군가의 말에, 누군가의 추천에 흔들리지 않고 내 몸을 내가 주도적으로 행동해 낫게 하겠다는 생각이 들었다. 그 방식 마음에 들었다. 그것을 해야겠다고 다짐했다.

이후 많은 것들이 생각보다 간단해졌다. 내 몸을 좋게 만들어야 하기 때문에 당연히 좋은 생각들을 넣어 줘야 할 것이고, 식사 시간, 운동, 잠자는 시간까지 규칙적으로 해야 하는, 기본적인 것들도 당연히 해야 하는 것이 됐다. 이제는 누구한테 뭐가 좋다는 얘기를 들을 필요도 없었고, 뭐를 해도 되는지 물어볼 필요도 없게 됐다. 어차피 내 암은 그 치료할 방향을 내가 정할 것이기 때문에.

내가 주도적으로 한다고 생각하고 나니, 가장 먼저 변한 것은 정신력이었다. 마음이 가벼워졌다고 해야 하나? 무언가에 흔들리지 않기 위해 곧게 뻗어 있는 대나무보다는 강한 태풍도 유연하게 흘려보낼 수 있는 잡초가 된 느낌이었다.

유튜브에서 암과 관련된 조언을 하시는 몇몇 의사 유튜버분들이 4기임에도 장기 생존하신 분들의 공통점을 이야기할 때가 있다. 거기서 정반대로 나뉘는 부분이 있었는데 바로 암을 받아들이는 암환자의 태도였다. "암을 있는 그대로 받아들인 분. 내가 죽을 수도 있다는 사실을 초연하게 받아들이고 묵묵히 치료를 이어 나가시는 분"이라고 말하는 의사가 있는가 하면, 한쪽에서는 "내가 반드시 나을 것이라는 굳은 믿음을 갖고 계신 분. 생존에 대한 의지가 강력하신 분"이라고 말하는 의사도 있었다. 나는 무엇을 따라야 하는지 의아했다.

 근데 이제 그 다른 두 가지가 사실 한 가지 특성을 향하고 있었다는 것을 깨달았다. 그 한 가지는 바로 '비움'이었다. 사실 그분들은 어느 한쪽에 그렇게 치우쳐져 있지 않았을 것이다. 그냥 말 그대로 마음을 비우고 암을 스스로 치료해 나가시는 분들이었을 것이다. 주도적으로 스스로를 치료하겠다 마음먹었으니, 그 믿음과 자신감에서 생존에 대한 의지가 강해 보이기도 했을 것이고, 또 어떨 때는 어떤 것에 크게 흔들리지 않겠다며 마음을 비우고 치료에 임하고 있으니 초연해 보일 수도 있었을 것이다.

 지금 내가 그렇게 된 느낌이다. 딱히 어느 한쪽을 따라야겠다는 생각이 없다. 그저 내가 주도적으로 치료해 나가다 보면 길이 보일 것이고, 설사 그렇지 않은 일이 일어난다 해도 딱히 다른 방도 또한 없었음을 순순히 인정하게 될 것 같으니까 말이다.

 물론 지금 이러한 상태가 얼마까지 유지될지는 아직 모른다. 나도 이런 상태에 이르게 된 지 얼마 되지 않았고, 좋은 생각이라는 것은 상황이 좋을 때나 할 수 있는 것이지, 재발이나 상황 악화와 같은 일들에 부딪혔을 땐 또 한없이 무너질 수밖에 없다는 것을 이미 경험했기 때문에….

그래서 나는 신께 바치는 기도의 방법을 바꿨다. 내가 열심히 노력할 테니 그에 상응하는 길을 열어 주시라고. 부정적인 상황에 부닥치게 되더라도, 크게 흔들리지 않고 꿋꿋이 치료를 이어 나갈 수 있는 지금과 같은 굳은 마음을 갖게 해 주시라고.

"두드려라, 그러면 열릴 것이다"라는 주님의 말씀이, '기도하면 낫게 해 준다'가 아니라, '스스로 낫고자 노력하면, 치료로 가는 방향을 알려 주시는 것'이라 해석하고 있는 나를 보며, "나 어쩌면 진짜 나을 수 있지 않을까" 하는 생각이 들었다. 가슴이 마구 두근거린다.

신은 그렇게 시간이 많지 않다

 지금은 다양한 방법으로 암환자들을 접하고 있지만(물론 여전히 온라인상에서만), 처음 암을 진단받고 나서는 다른 암환자들을 찾아 이곳저곳을 참 많이도 뒤지고 다녔다. 그중에서도 나름 '인싸'이고 싶었던 나는 암환자들이 모여 있는 카페에 만족하지 못하고, 인스타그램을 시작했던 것으로 기억한다.

 처음에는 방법을 몰라 날마다 #암환자 #아만자 #4기암환자 등 해시태그('#')를 이용해 나와 비슷한 상황의 사람들을 찾아다녔다. 지금이야 해시태그를 팔로우하는 방법을 알게 되어 매일 검색하지 않아도 자동으로 볼 수 있게 됐지만, 그때는 하나하나 해시태그를 쳐 가며, '여기까지는 어제 봤군' 할 정도로 모든 암환자들의 글을 정독하고 다녔던 때가 있었다. 그때 수많은 암환자들의 글을 읽으면서 가장 이해하기 어려웠던, 사실은 지금도 이해하기가 조금은 어려웠던 부류의 글이 있었으니… 바로 "암에 걸린 것에 대한 감사"였다.

 대체 이게 무슨 말인가. 암에 걸린 것이 감사하다니. 아픈 것이, 보통 심각한 병도 아니고 한때는 불치병의 대명사로 여겨졌던 '암'에 걸린 것을 감사하는 게 가능한 일인지 나는 당최 알 수 없었다.

 그들이 하고자 하는 말이 대충 무슨 말인지는 알겠다. 나도 그랬지만 '암'에 걸리고 나서야 비로소 알게 되는 것, 깨닫게 되는 것이 있다. 먹는 것부터, 사람과의 관계, 나를 돌보는 법, 시간의 소중함까지…. 많은 것들을 달리 보게 되고, 새로이 생각하게끔 그 계기를 마련해 준다. 암에 걸리지 않았으면 몰랐을 수도 있었던 것들이, 암에 걸리고 나서 알게 됐으니, 암에게 감사하다는 맥락일 것이다.

하지만 아무리 그래도 암에게 감사하다니… 암환자가 매사에 감사함을 습관화해야 한다고 하지만… 아무리 그래도 말이다.

우리는 누군가 가진 것이 많으면서도 또 무언가 부족하다는 불평을 한다면 그에게 이런 말을 한다. "배가 불렀네." 반대로 아픈 사람이 아픈 생각 못 하고 무언가 욕심을 부리거나 넘치는 행동을 할 때는 이런 말을 한다. "쟤 덜 아프네."

지금 내가 하고 싶은 말이 딱 그렇다. 나는 '고통'이 '축복'이 될 수 있는 데에는 그 한계가 분명히 있다고 생각한다. 그렇게까지 생각할 수 있는 수준의 고통이어야 한다는 뜻이다. 그 고통을 넘어선 순간 더 이상 고통은 축복이 될 수 없다(성격의 차이는 있겠지만).

물론 극한의 경지에 도달한 사람은 다르다. 예수, 부처, 공자 등 말이다. 경지까지 도달하지 않았더라도 그것이 가능한 사람도 간혹 있다. 예를 들어 일본의 《오체 불만족》 저자 '오토다케 히로타다'가 그렇다. 하지만 오토다케 히로타다는 일반인들과는 달랐기에 책을 냈고, 그 책은 20년 넘도록 스테디셀러로 남겨져 있다. 모든 사람에게 적용할 수 있는 일은 아니라는 것이다.

신은 우리에게 견딜 수 있을 정도의 고통을 주시지 않는다. 신은 인간의 고통을 조절하고 있을 정도로 시간이 많지 않다. 그것은 그저 '견딜 수 없을 정도의 고통'을 겪어 보지 않은 사람들이 하는 말일 뿐이다. 마찬가지로 암에 진단받은 것이 감사한 사람들은, 그저

'감사'할 정도의 암을 진단받은 것이다. '감사'는 여유에서 나오기 때문이다. 감사조차 할 여유가 없는 사람들에게 감사는 엄청난 사치일 뿐이다.

그렇다고 우리가 '감사'하는 습관을 버려야 하는 것은 아니다. 마음에는 분명히 치유의 능력이 있다. 주어진 상황에 감사할 줄 알며, 내가 가진 것에 감사할 줄 아는 습관이 나를 치유의 길로 이끌 것이라는 희망은 분명 힘을 발휘할 것이라 믿는다. 하지만 눈살을 찌푸리게 하는 것은, 감사를 강요하고 다니는 사람들이다. 여유가 없는 사람에게 찾아가 '우리'가 얼마나 '암'에 걸려서 얻게 된 게 많냐며 설파를 하고 다니는 사람들은 정말… 할 말을 잃게 만들 뿐이다. 그가 과연 자신의 현재를 들여다보며 감사할 수 있는 마음을 가질 수 있는 여유가 있는지를 먼저 들여다봐야 하지 않을까?

신은 우리에게 견딜 수 있을 정도의 고통을 주시지 않는다. 신은 그것을 조절하고 있을 정도로 시간이 많지 않다.

세상에서 가장 유명한 (육종 환우의) 죽음

"so long nerds(잘 있어, 덕후들아)."

유튜브 1,280만 구독자를 보유한 인기 유튜버였던 테크노블레이드가 2022년 6월 마지막 날, 세상을 떠났다. 나는 이 소식을 듣기까지 그를 눈곱만큼도 알지 못했지만, 유튜브계에서는 꽤나 충격적인 소식이었던 모양이다. 그도 그럴 것이 그의 나이가 23살밖에 되지 않았기 때문이다. 그리고 그가 암 투병 사실을 공개한 지 1년이 채 안 돼 사망한 것도 충격을 더했다.

평소 암과 관련된 콘텐츠에 관심이 많다 보니 유튜브 알고리즘님께서 나에게 그 영상을 보게 하셨겠지만, 나는 이 영상을 보고 한 가지 분명하게 할 수 있는 것이 있었다.

"테크노블레이드 이분, 육종이다."

직감적으로 알 수 있었다. 이른 나이의 암 투병, 그리고 짧은 투병 기간 후 사망. 이는 육종 환우들에게 꽤나 반복적으로 나타나는 패턴이었기 때문이다. 그만큼 육종이 다른 암종에 비해 빨리 자란다는 소리기도 하고, 그렇기에 육종이 가장 더러운 암이라고 불리는 이유이기도 하다.

육종이라는 희귀암으로 투병하면서 생각보다는 많은 육종 환우들을 만날 수 있었다. (하지만 육종의 세부 종류가 워낙 많다 보니 사실상 같은 암종이라고 하기도 애매할 정도로 각자의 상황과 병원의 조치 또한 천차만별이라 사실 큰 도움은 받을 수 없었다.) 그리고 내가 소식을 계속해서 전해 듣던 몇몇 4기 육종 환우들이 먼저 세상을 떠났다. 곰곰이 생각해 보면 처음부터 4기로 진단받아 나보다 오래 투병하고 있는 육종 환우가 딱히 생각나지 않는다. 나는 그들을 보내고 많은 방황을 했고, 그들의 사망 소식은 나에게 거대한 두려움으로 다가오기에 충분했다.

그러던 와중 천만 유튜버 테크노블레이드의 사망 소식, 그리고 그가 육종을 앓고 있었다는 사실을 알게 됐을 때, 난 또다시 상기할 수 있었다. 이 암이 얼마나 더러운 암종인지… 얼마나 많은 주변 환우들을 데려간 질병인지를 말이다. 그리고 나선 더 큰 것을 하나 깨달을 수 있었다. 인간의 욕심이라는 것이 얼마나 허황된 것인지를.

나와 비슷한 세대의 사람이라면 누구나 그가 가진 것을 부러워할 수밖에 없을 것이다. 유튜브로 무려 천만 구독자를 보유했다는 것은 우리나라에서도 손에 꼽을 만한 대기록이기 때문이다. 그런 그도, 이 육종 앞에서는 한낱 미물에 불과했다. 자연에서 나 자연으로 돌아간 한 줌의 흙에 불과했다. 그가 가진 그 모든 것은 사실 아무것도 아니었다.

여기서 끝내지 않고 나는 나에게 질문으로 되물었다. 그럼 지금의 나는 무엇을 추구하며 살아야 할까. 어떤 것이 진정으로 제대로 된 삶을 살게 되는 것일까. 죽음에 이르러서는 아무것도 가져갈 수 없다 한다면, 살아서는 과연 어떤 것을 해야 의미가 있을까.

테크노블레이드는 마지막 인사 영상에서 행복했고, 고마웠다고 전했다. 100번의 삶이 생긴다 하더라도 매번 지금 이 삶을 택할 것이라고도 덧붙였다. 그리고 영상을 보는 모두에게 '긴' 인생을 살라며 위트 있는 인사까지 잊지 않았다.

    누가 그랬나. 고통은 인간을 성숙하게 한다고. 어쩌면 이러한 글을 쓰고 있는 나조차도 지나치게 성숙해 버린 것은 아닐까. 고통 때문인지는 몰라도 생각이 많아지는 날들이다.

신님, 저를 너무 과대평가하셨습니다

암을 진단받으면 참 여러 유형의 위로를 듣는다.
"요즘 암은 별거 아니래. 수술하면 다 낫는대."
"의료기술이 좋아져서 좋은 약들이 많아졌대."
"긍정적으로 생각해! 나을 거야. 긍정적으로만 생각해."
"젊으니까 나을 수 있을 거야."
"요즘 암은 흔한 병이라더라. 3명 중 1명이 암이래."
"누구누구도 암에 걸렸는데 다 나았다더라."
"이 또한 지나갈 거야."

물론 위로가 되고자 노력하는 마음에서 던진 말이겠지만 막상 암을 진단받은 사람에게 이런 말들은 하나도 위로가 되지 않는다. 암환자들은 '프로불편러'가 된다고나 할까? 너무나도 극도로 예민해져서 그 어떤 말들도 다 아니꼽게 해석하게 되기 때문이다.

"요즘 의료기술 좋아져서 암이 별거 아니고 수술하면 나을 수도 있고 흔한 병이면 네가 걸려 보지 그러냐."

어떤 말도 위로로 받아들일 수 없는 마음 상태인 암환자를 위로한다는 건 참 쉽지 않은 일이다.

굉장히 간단하면서도 참 어처구니없던 말도 있었다.
"아프지 마."
"힘내."

이미 암인데? 아프지 말라고? 암인데? 힘이 나겠냐?

하지만 그중 가장 이해하기 힘들었던(?), 위로가 되지 않았던 문장이 있다. 우리에겐 너무 익숙한 말이기도 한,

"신은 감당할 수 있을 만큼의 고통을 주신다."

?

신님?

저는 치사량 넘은 거 같은데요….

분명 감당할 수 있을 만큼만 주신다는데 나를 너무 과대평가하신 것 같다는 느낌이다. 신님 저는 그렇게 그릇이 넓은 사람이 아닙니다. 이 잔을 저에게서 거둬 가 주세요….

다른 모든 고통과 시련의 상황에 놓이게 되면 같은 말을 떠올리는 사람이 많을 것이다. 근데 암이라는 질병에 걸려 보니 저 문장이 생각보다 섬뜩하게 다가왔다. 암은, 진단받았을 때가 고통이 가장 적을 때이기 때문이다. 수술부터 항암까지, 정기적인 검진에서 오는 재발에 대한 걱정, 심리적 압박, 전이에서 오는 하늘이 무너지는 마음, 누군가는 암성통증까지…. 암환자에게 암 진단은 고통의 시작일 뿐이다. 감당할 수 있을 만큼의 고통을 준다더니, 앞으로 내가 얼마나 더 감당할 수 있을 거라고 생각하시는 걸까…. 두려움에 두 부랄이 떨린다.

전 항암을 힘들다고 생각하지 않았어요

공수부대 출신 중에서도 헬기 레펠 훈련을 한 군인에게는 특별한 휘장이 주어진다. 군복에 그 마크 하나만 달고 있어도 어지간히 짬밥 좀 오래 먹었다는 장교가 그를 쉽사리 대하지 못한다. 그 휘장도 여러 단계가 있는데, 중간 단계만 되어도 강하 횟수가 100회 이상에 달한다는 뜻이다. 부대에 그런 간부 하나 있으면, 소위 "썰"을 많이 갖고 있어서 이따금씩 병사들에게 무용담을 펼치는 것을 볼 수 있다. 그때 그의 어깨가 올라간 것처럼 보인 것은 기분 탓이었을까

암환자에게는 훈장과 같은 것은 없지만, 항암 "썰"이 많다. 어떤 약이 지독하다는 것부터 몇 회까지 항암을 해 봤느니, 부작용은 어땠느니, 선배 암 환우들은 앞으로 고생할 후배 암 환우들에게 여러 가지 정보와 꿀팁을 공유해 주기도 한다.

한번은 병실에서 이런 일이 있었다. 평소였으면 참 만나기 힘든, 보기 드문 육종암 환우일 텐데 그날은 6인실 맞은편에 떡하니 있어 맞닥뜨린 적이 있다. 나중에 내가 육종 환우인 것을 알게 된 그는 나에게도 와서 이러저러한 저주(?) 섞인 경험담을 퍼부어 줬지만, 그 당시엔 그냥 다른 환우들에게 마구 말을 걸고 다니는 오지랖 많은 환자였다.

그가 옆 환자에게 말을 건다.

"항암 몇 차예요?"

옆 환자가 대답한다.

"저희는 면역 항암 2년째 하는 중이라 20차가 넘어요."

잠깐 흠칫한 그는 별거 아니라는 듯이 지나가면서 한마디 던진다.

"나는 뭐, 재발해서 4년이 넘었는데 뭘~"

멀리서 지켜보던 나의 시선에 왠지 그의 어깨가 조금은 올라간 것처럼 보인 건 기분 탓일까? 다음 날 새로 들어온 입구 쪽 환자에게 그는 또 말을 건다.

"어디 암이에요?"

"저희는 ○○암이라고 진단받았어요."

"몇 기에요?"

"3기요."

"3기면 수술하고 항암 하면 끝나겠네~"

"재발이 무서워서요."

"에이, 나는 육종이에요 육종. 이건 항암제도 안 들어요. 항암제는 또 얼마나 지독한 걸 쓰는데~ 나는 ○○병원에 다니면서 항암 하다가 재발해서 그 병원 못 믿겠다고 싸우고 지금 여기로 온 거예요~ 육종은 말도 못 해~ 지독한 놈이야~"

그때 그다음은 나겠구나… 했다. 나한테 오는 것을 막을 방법을 미리 생각해 놨어야 했는데… 그때 나의 커튼을 닫았어야 했는데….

아무튼 '아만자'로서 병실에 있다 보면 참 많은 종류의 사람들을 만난다. 내가 쓰는 항암제가 얼마나 힘든지 아냐는 사람부터, 자랑인지 아닌지, 그 항암제가 얼마인지를 으스(?)대는 사람까지…. 암환자에게 항암은 훈장 같은 건가 보다.

근데 난 그 항암이 생각보다 그 전설적인 얘기들만큼 힘들지는 않았다. 물론 힘들기야 했지만 그래도 그 독하다는 빨간약을 5일씩이나 24시간 내내 풀로 맞아 가면서 다른 환우들에게서 가끔 들을 수 있는 '변기를 붙잡고 살았다', '복도에 일을 저질러서 간호 조무사에게 혼났다', 심하게는 '이제 항암을 하느니 차라리 죽는 게 낫겠다 싶었다' 등의 일들이 나에겐 일어나지 않았다.

울렁거리고 토할 것 같은 느낌이 드는 건 마찬가지여서 챙길 수 있는 모든 종류의 패치와 부작용 약을 미리 처방받으려고 발버둥 치기는 했지만 그래도 다른 환우들의 고통에 비해서는 조금 수월하게(?) 넘어갔던 것 같다.

그때는 그냥 그렇게 생각했다. '내가 운이 좋았나 보다', '내가 남들보다는 건강(?, 4기 암환자가 할 수 있는 말은 아니다만)해서 부작용이 덜했나 보다'라고.

그러다 어느 날 내 몸 안의 감정들을 들여다보는 연습을 하다 한 가지 머릿속을 스치는 것이 있었다. 지금의 나는 그때의 나만큼 간절하게 "살고" 싶어 할까?

쉽게 대답하지 못했다. 아니 사실 아닌 쪽에 더 가까워서 대답 못 하는 척한 것이 맞을 것이다. 그때의 날 떠올리면, 그땐 정말 "살고 싶다"라는 생각밖에 없었다. 원치 않게 받아 버린 시한부 선고 앞에 그냥 앞뒤 없이, 아무런 계산 없이, 그냥. 그냥 무작정 살고만 싶었다. '생존'만이 내 유일한 목표이자 전부였다.

그래서 그랬나 하는 생각이 들었다. 그때의 나에게 항암의 힘듦 따윈 아무것도 아닌 것이었겠구나. 그저 살 수만 있다면…. 이 지독한 항암, 3주마다 1주일씩 병원에 입원해 가며 받아야 하는 이 지독한 짓을 계속해도 좋으니 살 수만 있다면…이라고 늘 생각해 왔다. 그랬기 때문에 나에게 항암은 오히려 너무 부차적인 것이 아니었을까. '항암을 더 하느니 차라리 죽고 싶다'고 말한 그 사람들을 그땐 참 배부른 사람들이라고 생각했다.

지금의 나에게 다시 그 항암을 받으라면 솔직히 두렵다. 너무 무섭다. 하지만 너무 비극적인 것은 나는 지금 현재 복용 중인 약에 내성이 생기면, 다시 그 힘든 독성 항암으로 돌아가야 한다. 그것은 피할 수 없는 운명이다. 그래서 다시금 생각하게 된다. 지금의 내가 독성 항암을 받는다면 그때처럼 무사히 넘어갈 수 있을까?

그때의 나만큼, 지금의 나는, 생존이 간절한가?